DER DEUTSCHUNTERRICHT

Beiträge zu seiner Praxis und wissenschaftlichen Grundlegung

Begründet von Robert Ulshöfer

In Neuer Folge herausgegeben vom Friedrich Verlag Velber in Zusammenarbeit mit Klett und in Verbindung mit Gerhard Augst, Wilhelm Dehn, Franz Hebel und Heinz-Dieter Weber

Aspekte des Komischen

Hrsg.: Franz Hebel

Inhalt

Abstracts der Beiträge zum Thema

Petzoldt, Leander, Prof. Dr. – Wolpertswende. S. 22 ff.
Der Verfasser referiert das Verhältnis von tatsächlicher Komik (der Lebenswelt) zur ästhetischen Kategorie bzw. Gattung Komik als Form, bestimmt durch Elemente wie Wortkomik, Situationskomik – heute Gag –, Inversion u. a. Von der Antike zum Mittelalter unterliegt dieses Verhältnis auch aufgrund durchgreifender gesellschaftlicher Veränderungen – Wandlungen. So waren im 13. Jahrhundert die häufig noch lateinischen abgefaßten Schwänke eine dem „einfachen Volk" nicht zugängliche Gattung, während im 15. Jahrhundert – Humanismus, Emanzipation von der Kirche, Entstehung der städtischen Kultur – Schwank, Farce, Fazetie vergleichsweise volkstümlicher wurden.

Ladnar, Ulrike, – Frankfurt. S. 75 ff.
Die Verfasserin empfiehlt J. E. Schlegels Komödie „Die stumme Schönheit" als besonders geeignet für den Unterricht: Dieser literarische Text der Aufklärung korrespondiert mit der Befindlichkeit junger Leute heute. Emotionalität und Betroffenheit erweisen sich wieder stärker als subjektive Grundlagen für den Lebensentwurf als kühl-rationales Kalkül. Nach einem eigenen „Deutungsversuch" entwickelt die Verfasserin methodische Anregungen, die dem Korrespondenzverhältnis entsprechen und produktive Aneignungen (Entwerfen von Folgeszenen, Erstellung einer Bild-Collage) bis hin zur eigenen Aufführung empfehlen.

Hensing, Dieter, Dr.-NL-Castricum. S. 60 ff.
Ausgehend von den Absichten Hacks' und Goethes verfolgt der Verfasser die Neubearbeitung des Goethischen Stücks „Der Jahrmarkt von Plundersweilern" auf dem Hintergrund der geschichtlichen und poetologischen Vorstellungen des DDR Dramatikers. Die vergleichende Analyse beginnt mit den anfänglichen Überlegungen Hacks', das Stück Goethes nur zu ergänzen und reicht bis hin zur eingreifenden Bearbeitung. Mit ihr meint Hacks, zur Goetheschen Ursprungsidee vorgestoßen zu sein, die der Klassiker selbst nicht verwirklichen konnte. Einen besonderen Schwerpunkt bildet die Herausarbeitung der Gedanken Hacks' zur Darstellung der Wirklichkeit im Komischen.

Haida, Peter, Dr. – Münster. S. 5 ff.
Nach einer Reflexion über Gattungsprobleme der Komödie zeichnet der Verfasser entlang verschiedener Beispiele – Fastnachtsspiel, Sachs, Gryphius, Lessing und Kleist – die Veränderung der komischen Figur und ihre zunehmende Verflechtung mit der Handlung der Komödie nach. Dieser Entwicklungslinie folgend schlägt der Autor eine flexibel gestaltete Unterrichtsreihe für die Sekundarstufe II vor.

Stückrath, Jörn, Dr. und Stoll, Albrecht, Dr. – beide Bielelefeld. S. 40 ff.
Die Absicht der Verfasser ist es, ordnend Bausteine für ein Beschreibungsmodell des Komischen in der Komödie zusammenzutragen, die helfen, die Komplexität von Einzelphänomenen genauer zu erfassen. Bei diesem Versuch, einem Begriff des Komischen näher zu kommen, versuchen sie jedoch gleichzeitig, die sich bietenden Freiräume des Begriffs produktiv im Unterricht zu nutzen. An Textbeispielen von Aristophanes, Plautus und Dario Fo untersuchen sie sich irrende, irreführende, imitierende und aus der Rolle fallende Figuren in ihren Handlungen und Charakteren. Die Analyse reicht bis zur Moral und Dramaturgie in der Welt des Komischen.

Einführung

Aufklärung tut not. Immer. Aber dann vor allem, wenn sie nicht erwünscht ist. Die Komödie kann ihr noch in Situationen dienen, in denen Aufklärung vermieden werden soll. Sie erreicht, daß unser Lachen der Macht in den Rücken fällt, der falschen Würde ein Bein stellt und das Netz lockert oder gar zerreißt, das die Gesellschaft mit ihren Konventionen und Normen über alles Lebendige zu werfen sucht, um es zu bändigen. Komödie, das ist Parteinahme für die Jugend, für den neuen Beginn, entgegen allen Tendenzen, die Wiederholung des seit je Gewohnten als Bewegung, als Leben, als Neuerung auszugeben. Diese Auseinandersetzung bestimmt das Wesen des Komischen und der Komödie seit Jahrhunderten. Ihre heutige geschichtliche Gestalt kann vor allem an den drei Texten erkannt werden, die zwischen die Abhandlungen gestreut sind: Sie lassen uns erfahren, daß die „Konversationsmaschine", mit der wir uns im Alltag gegenseitig unserer Wirklichkeit versichern, leerläuft, daß sie zum Selbstzweck geworden ist. Gelingt es uns einmal, durch eine „Lücke in der Natur der Dinge" zu schauen, dann sehen wir uns in Gefangenschaft der Komödie, die wir selbst spielen. „So überleben wir und wiederholen uns und werden's wohl für alle Zeiten tun." (Kalldewey Farce)

Die Wirklichkeit soll für alle die gleiche sein, obwohl mit der Geburt eines Menschen jedesmal die Chance für neues Leben eröffnet wird, obwohl mit dem Wechsel der Generationen eine neue Wirklichkeit beginnen könnte. Alceste besteht auf der Möglichkeit eines eigenen Lebens wie auf einem Recht. Das macht ihn zum «Menschenfeind». Und auch am Ende gibt er nicht auf, «Klatsch, Prestigebedürfnis, Intrige, Überdruß, Snobismus, Mißgunst, Aufsteigertum, Verweigerung, Kalkül" (Enzensberger) zu verachten und ihnen zu widerstehen.

Wie die Konversationsmaschine rattert, führen Ernst Jandl und Elfriede Mayröcker vor. Was da bei den Jungen für den Beruf an Wünschen vorhanden ist, kann gegenüber den Verwendungszwecken, denen man sie unterwirft, nicht bestehen. Kein Zwischenruf, keine Wiederholung, kein Schreien kommt gegen die Anforderungen auf dem Arbeitsmarkt an. Die Diskrepanz zwischen der „Natur" dieser Jungen, so wie sie eben geschaffen sind, und den Aufgaben, die man für sie bereithält, ist nicht zu überwinden. „Der Mensch, der euch nicht schuf, rät euch zum Beruf." Der Blick durch die „Lücke in der Natur der Dinge" zeigt, was uns die Konversationsmaschine antut, die wir selbst sind. Das Lachen kann einem in der Kehle stecken bleiben. Komödie heute.

Was die eingestreuten Texte aus der Gegenwartsliteratur ausdrücken, hat eine weit zurückreichende Geschichte. Peter Haida stellt die Entwicklung der Komödie vom Fastnachtsspiel bis Kleist dar; der Beitrag ist so angelegt, daß er praktischen Bedürfnissen auf verschie-

dene Weise dienen kann: er kann als Grundlage für einen Kurs in der Sekundarstufe II genutzt werden, er bietet Hintergrundinformationen für die Besprechung *eines* der angeführten Texte, er kann als anregende Information bei der Unterrichtsplanung gesehen werden und den Beitrag von Ulrike Ladnar literaturgeschichtlich ergänzen.
Leander Petzoldt greift einen historischen Ausschnitt in der Entwicklung der Komödie unter einem besonderen Aspekt auf. Es geht um den Zusammenhang zwischen dem „volkstümlichen" Komischen und der Komik der Lebenswelt. Die Abhandlung zeigt, daß die Beziehung zwischen Literatur und Wirklichkeit nicht vereinfacht als Widerspiegelung der gesellschaftlichen Verhältnisse verstanden werden darf; vielmehr sind dabei innerliterarische Entwicklungen zu beachten, wenn man nicht zu Fehlurteilen kommen will. Der Beitrag hat für den Unterricht auch insofern Bedeutung, als der Schwank in der Sekundarstufe I im allgemeinen einen gesicherten Platz einnimmt. Orte, Personen, Handlung und die im Schwank vorkommenden Konflikte legen aber das Mißverständnis nahe, wir hätten es mit der Realität der Entstehungszeit zu tun. Der Beitrag von Leander Petzoldt kann da korrigierend helfen und eine bessere Erschließung der Texte ermöglichen.
Jörn Stückrath und Albrecht Stoll geben an Beispielen aus verschiedenen Zeiten eine Anregung, wie die Erscheinungen des Komischen, die in ihrer Vielfalt auch verwirren können, nach aufschließenden Gesichtspunkten geordnet und beschrieben werden können. Obwohl es e i n e zulängliche Definition des Komischen nicht gibt, kann so doch das im Unterricht aufkommende Bedürfnis nach dem Auffinden von Merkmalen des Komischen befriedigt werden. Besondere Beachtung verdient hier, wie zwei Unterrichtspraktiker versuchen, die Schwebe zwischen falscher (definitorischer) Festlegung und einer Offenheit zu halten, die den Unterricht chaotisieren könnte.
Dieter Hensing gibt mit der vergleichenden Deutung von Goethes und Hacks' „Jahrmarktsfest in Plundersweilern" eine Hilfe für die Deutschlehrer, die diesen Vergleich in ihren Unterricht aufnehmen wollen. Das kann nicht nur in der Farce Goethes eine Begründung finden, sondern vor allem in der Aneignung des Goetheschen Textes durch Peter Hacks. Dabei ist der Zusammenhang zwischen Hacks' gedanklichen Voraussetzungen und der Wirklichkeit in der komischen Vorstellung besonders hervorzuheben. Der damit gestellte Anspruch verweist eine entsprechende Unterrichtseinheit in die Sekundarstufe II, etwa unter dem Rahmenthema „Aneignung von Komödien durch Bearbeitung". Außer dem Text von Hacks könnten dann auch Bearbeitungen von Brecht, die Übertragung von Molières „Menschenfeind" durch Enzensberger und andere Texte erschlossen werden.
Die Bedeutung der Aufklärung für Erziehung heute stellt Ulrike Ladnar in der Begründung ihres Unterrichtsvorschlags dar und zeigt dann die Vielfalt der Aspekte, unter denen Schüler ihre Erfahrungen erweitern und differenzieren können, wenn sie sich mit Schlegels „Die stumme Schönheit" auseinandersetzen. Besonders ist dabei m. E. hervorzuheben, daß Spieler oder Leser dieser Komödie die Bedeutung verständiger Rede für humanen gesellschaftlichen Umgang erkennen können; sie könnten so verstehen lernen, daß Sprachkultur nichts Äußerliches ist.

Franz Hebel

Peter Haida

Von der komischen Figur zur Komödie

1. Probleme der Gattung

Die Literaturwissenschaft stellt mehrere Kriterien bereit, an denen die Komödie oder das Lustspiel zu erkennen sein soll: das Komische, das positive Ende und die Einbeziehung und Aktivierung des Zuschauers; weiterhin wichtig ist der Bezug zur Gesellschaft und zu deren Normen. Diese Merkmale weisen darauf hin, daß die Komödie in erster Linie von ihrer Absicht und von ihrer Wirkung her definiert wird: Sie zielt auf das Lachen des Zuschauers, auf Versöhnung, auf Ausgleich.

Doch sind diese Kriterien nicht unproblematisch, sie müssen gar nicht unbedingt auftreten. Betrachtet man die Entwicklung der Gattung (ich verwende die Begriffe Komödie und Lustspiel nebeneinander, da sich Unterscheidungsversuche als sinnlos erwiesen haben), so zeigt sich, daß jedes einzelne Merkmal fehlen kann. Im 18. Jahrhundert mangelt es an der Komik, bei der Wende vom 19. zum 20. Jahrhundert am positiven Schluß, der auch früher schon, etwa bei Molière oder Gogol, fragwürdig geworden war oder wie bei J. M. R. Lenz und Nestroy bewußt schematisch und damit unglaubhaft konstruiert wurde.[1] Im 20. Jahrhundert scheint diese Entwicklung ihren Abschluß zu finden. Bei Dürrenmatt, der die Weltdarstellung nur noch in der Form der Komödie für möglich hält, gibt es nicht die Wiederherstellung eines vorher gestörten, dann wieder positiven Weltzustandes, im Gegenteil. Für ihn ist eine Geschichte dann zuende gedacht, „wenn sie ihre schlimmst-mögliche Wendung genommen hat" („21 Punkte zu den Physikern").

Daß Komik die Komödie konstitutiert, kann infrage gestellt werden, doch hat sie in ihr auf verschiedene Weise ihren Platz. Sie stellt den Bezug zum Zuschauer her, der lachend am Geschehen teilhat oder sich lachend davon distanziert; sie ist möglicherweise ein Indiz für einen glücklichen Ausgang, und sie betont die Spielstruktur des Vorgeführten. Diese nämlich ist ebenfalls als ein Kennzeichen der Komödie genannt und vor allem von Fritz Martini verfochten worden.[2] Die Art der Komik nimmt Einfluß auf Offenheit oder Geschlossenheit der Handlung und damit auf die Stellung des Zuschauers und auf seine Beteiligung am Geschehen.

Was ist nun aber komisch? An Definitionsversuchen herrscht kein Mangel.[3] Deren Schwie-

(1) Vgl. dazu Arntzen (1968); Haida (1973); Hinck, Vom Ausgang der Komödie. In: Grimm/Hinck (1982), S. 126 ff.
(2) Martini, Überlegungen zur Poetik des Lustspiels. In: Martini (1979), S. 9 ff.
(3) Vier neuere Publikationen sollen genannt werden: die Sammelbände „Wesen und Formen des Komischen im Drama" (1975) und „Das Komische" (1976), die Einleitung von Hinck zu: Hinck (1977), und Grimm, „Kapriolen des Komischen", in: Grimm/Hinck (1982), S. 20 ff.

rigkeiten liegen wohl darin, daß das Komische immer davon abhängt, was der Wahrnehmende subjektiv als komisch (oder lächerlich) ansieht. Das wiederum bestimmt sich nach seiner augenblicklichen Gestimmtheit, nach seiner persönlichen Situation, seinem Lebensalter, Bildungsgrad und nach seiner Zugehörigkeit zu einer bestimmten Gesellschaftsschicht. Nichtsdestoweniger benötigt man als Arbeitsbegriff wenigstens eine ungefähre Festlegung dessen, was für die meisten Menschen als komisch gelten könnte. Die allgemeinsten Bestimmungen, die sich teilweise überschneiden, sind: die Abweichung von einer Norm, der Kontrast, die Enttäuschung einer Erwartung. Ich nenne ein Beispiel. Wenn jemand, der zeigen soll, daß er gut Geige spielen gelernt hat, die richtigen Töne immer knapp verfehlt, so ist dies mit allen drei Kriterien als komisch erfaßbar. Im allgemeinen liegt die Normabweichung natürlich nicht im technischen, sondern im menschlichen oder gesellschaftlichen Bereich. Doch auch da ist wichtig, daß sie harmlos, gewissermaßen unschädlich bleibt. Wie schon Aristoteles, der das Lächerliche als Fehler oder Schande definiert, im 5. Kapitel seiner „Poetik" sagt, darf dieser Fehler nicht schmerzen oder verletzen. Man unterscheidet gewöhnlich Situations- und Charakterkomik. In der Geschichte der europäischen Komödie wird meistens über die Person gelacht, die von der Normalität des Erwarteten abweicht und so aus einer gesetzten und anerkannten Ordnung herausfällt. Dies bestätigt sich auch in den theoretischen Äußerungen von Aristoteles über Gottsched bis Lessing, die ebenfalls alle auf die Charaktere setzen.

In der Praxis gibt es zwei Spielarten der komischen Figur. Die eine weicht nur geringfügig oder in einem bestimmten Punkt von den Normen der Gesellschaft ab, ohne sie aber grundsätzlich infrage zu stellen. In diesem Fall handelt es sich um eine satirische Komödie, und der Zuschauer wird *über* die Figur lachen. Eine andere Art von komischer Figur ist dagegen jene, die ganz aus den üblichen gesellschaftlichen und zivilisatorischen Bindungen herausfällt, indem sie die Vitalsphäre repräsentiert. Sie tritt unter den Namen Harlekin, Pickelhering oder Hans Wurst auf und hat ein unmäßiges Interesse an Essen, Trinken und Sexualität. Sie ist nicht unfreiwillig komisch, vielmehr besteht ihre Funktion gerade darin, den Zuschauer mit Faxen und Späßen zum Lachen zu bringen. Hier wird nicht über die Figur gelacht, weil sie gewissen Wertvorstellungen der Gesellschaft nicht genügt, sondern darüber, daß diese ignoriert oder außer Kraft gesetzt werden.[4]

Die Problematik des an die Person (aber auch an die Situation) gebundenen Komischen liegt nun in seiner Eigenart als Augenblicksphänomen. Nicht nur ist fraglich, ob das Komische die Gattung konstituieren kann, sondern sogar, ob sich auf ihm eine Handlung gründen läßt, die ein ganzes Drama trägt. Wegen seines plötzlichen Auftretens und seiner kurzen Dauer wirkt es im Grunde desintegrativ und formsprengend. Daher ist wohl ein komischer Charakter, eine komische Situation möglich, weniger denkbar dagegen eine durchgehaltene komische Handlung. Die Frühformen der Komödie zeigen sich daher auch als Einzelszenen, die aus komischen Charakteren bzw. Typen entwickelt werden. Erst später kommt eine tragende Gesamthandlung hinzu, die aber teilweise neben dem komischen Vorgang existiert.[5]

---

(4) Vgl. Catholy (1969), S. 8 f.

(5) Vgl. Catholy (1969), S. 12, der von einer „Diskrepanz zwischen Handlung und komischen Szenen" spricht. – R. Warning nennt das Abstellen auf den komischen Charakter die „paradigmatische Ausrichtung der Komödie", die einer „großen syntagmatischen Organisation" bedarf, nämlich einer „die-

Untersucht man das Verhältnis zwischen Charakteren und Handlungen, so ergibt sich die Möglichkeit, eine Verbindung zwischen im Unterricht mehr oder weniger ausführlich behandelten Stücken herzustellen, indem sie vor einen gemeinsamen Fragehorizont gestellt werden. Dabei läßt sich in etwa eine Entwicklung der deutschen Komödie verfolgen. Bei einem solchen Längsschnitt wird man einen Wandel der komischen Figur und eine fortschreitende Verflechtung mit der Handlung, überhaupt eine Entwicklung von einfacheren zu komplexeren Formen feststellen können.
Grundsätzlich sind an jede Komödie eine Reihe von Leitfragen zu stellen, die auf den Hauptaspekt der Untersuchung und auf die speziellen Gattungskriterien zielen:
- nach dem Stellenwert der Komik,
- nach der Verknüpfung von Komik und Handlung,
- nach der Hauptfigur und ihrem Verhältnis zur dargestellten Gesellschaft (Worin besteht die Abweichung?)
- nach dem Schluß (Wird die Hauptfigur verändert, gebessert, ausgestoßen oder integriert?)
- nach der Stellung und der Rolle des Zuschauers (Einbeziehung des Zuschauers oder geschlossene Handlung?)
- nach der Art und Weise, wie die Spielstruktur realisiert wird, z. B. Scheinhaftigkeit des Konflikts, Vororientierung des Zuschauers über Lösungsmöglichkeiten, Spiel im Spiel.

Daneben wird man jeweils weitere, auf das gerade zu behandelnde Stück bezogene spezielle Gesichtspunkte untersuchen müssen.

2. Komische Rede und komische Szenen: Das Fastnachtspiel

Die früheste Form eines eigenständigen komischen Spiels in Deutschland ist das Fastnachtspiel in der Mitte des 15. Jahrhunderts, das eines seiner Zentren in Nürnberg hatte. Es steht in unmittelbarem Zusammenhang mit dem fastnächtlichen Treiben, zu dem es einen Beitrag leistet. Die Spieler sind herumziehende Handwerksgesellen, gespielt wird in Wirtshäusern. Spiel und Wirklichkeit werden nicht streng geteilt, die Zuschauer haben vermutlich ihre Entwürfe gemacht, eine Illusionsbildung ist nicht beabsichtigt. Dramatische Kategorien wie Person, Konflikt, Handlung lassen sich nur begrenzt anwenden, denn ursprünglich handelte es sich nur um einen komischen Vortrag.
Man unterscheidet das Reihen- und das Handlungsspiel.[6] Beim Reihenspiel treten einzelne Redner hintereinander auf, stellen sich vor und erzählen etwas. Ihre Vorträge können unabhängig voneinander oder auch thematisch verklammert sein, z. B. wird von Liebschaften der Burschen berichtet, wobei drastisch geschildert und kräftig aufgeschnitten wird. Ein großer Teil der Fastnachtspiele des 15. Jahrhunderts ist sehr derb und obszön, betont wird das Grob-Animalische, Fäkalisches und Sexuelles, letzteres teilweise in bildlicher Sprache verrätselt, oft auch direkt ausgesprochen. Die Überschreitung sonst geltender Normen wird dadurch erleichtert, daß die Redner als tölpelhafte Bauern oder als Narren auftreten, aus deren Narrheit die Lizenz für die Tabuverletzungen abgeleitet wird.

---

se Ebene unterspannenden anderweitigen Handlung, die die komischen Handlungen veranlaßt, trägt und zum Abschluß bringt". (Elemente einer Pragmasemiotik der Komödie. In: Das Komische, S. 289 und 290).
(6) Vgl. Catholy (1966); Catholy (1969), S. 24 ff.; Wuttke (1978), Nachwort, S. 417 ff; auch Holl (1923), S. 45 ff.

Das Handlungsspiel, zeitlich später anzusetzen, arbeitet die bloßen Erzählungen des Reihenspiels gestisch-mimisch aus und stellt sie durch Rede und Gegenrede dar. Auch hier gibt es die Handlung eher als eine Gegenüberstellung von Personen oder Positionen, als Konflikt, der durch Wechselreden ausgetragen wird und nur ansatzweise Fortgang oder Entwicklung kennt. Beliebt sind Streit- und Gerichtsszenen, Arztspiele, Frauen- und Männerschelte. Der bürgerliche Charakter des Fastnachtspiels, das nur von Männern aufgeführt wurde, legt den Gedanken an Ständesatire, vor allem gegen die Bauern nahe. Tatsächlich aber fungiert der Bauer lediglich als typischer Repräsentant der Vitalsphäre. Wegen seiner Derbheit, Tolpatschigkeit und Narrheit wird er zu einem von den Gewohnheiten der Städter abweichenden komischen Typus. Er kann einerseits satirisch verlacht werden, andererseits eröffnet er für den Stadtbürger die Möglichkeit, den Zwängen seines sozialen Lebens und den Normen seiner Gruppe durch „lachende Bejahung der Diesseitigkeit" im Spiel zu entrinnen.[7]

Für die Arbeit im Unterricht kann ein Ausschnitt aus dem Reihenspiel „Von der Buhlschaft" benutzt werden, von dem ein Ausschnitt im Anhang abgedruckt ist. In dem Stück spricht der „Ausschreier" die übliche Begrüßung, mit der er gleichzeitig Platz zum Spielen schafft und Aufmerksamkeit fordert. Danach wird ein Bauer vorgestellt, der zehn Söhne zeugte, die alle Narren und große „Buhlschafter" geworden sind, die nicht davon ablassen können, den Frauen nachzujagen. Sie erzählen dann nacheinander ihre jeweils mißlingenden Liebeserlebnisse. Um Inhalt und Struktur des Spiels aufzuzeigen, dürften die Eingangsstrophen und eine der Einzelreden genügen. Eine ähnliche Bauweise hat das vermutlich von Hans Rosenplüt stammende Stück „Das Eggenziehen"[8], in dem sieben Mädchen gefragt werden, warum sie keinen Mann bekommen haben, worauf sie jeweils Gründe angeben, wie Häßlichkeit, üblen Ruf, Schwangerschaft usw.

Zwischen Reihen- und Handlungsspiel steht das Hans Folz zugeschriebene „Ein hubsch vasnachtspil"[9]. Es weist im Ansatz eine Handlung auf, hat aber keinen richtigen Schluß. Der Kern besteht in einem komischen Konflikt zwischen Eheleuten. Der Mann hat sich im Wirtshaus versteckt, seine Frau findet ihn dort und beginnt ihn mit Schimpfworten zu überhäufen, worauf er ihr nichts schuldig bleibt und mit gleicher Münze zurückzahlt. Diese Schimpfkanonade macht etwa ein Drittel des gesamten Textes aus. Ein Bauer versucht zu vermitteln, aber die Eheleute bleiben unversöhnt; am Ende kündigt die Frau an, den Mann zu verlassen, wenn er sich nicht bessere. Offensichtlich kommt es hier wenig auf die Handlung und auf die Motivation des Scheltens an, dagegen sehr auf die Darstellung und sprachliche Austragung des Konflikts. Die Eheleute erscheinen als närrisch; komisch wirkt das hyperbolische Sprechen, die überdimensionierte Häufung von Schimpfwörtern, die sich hauptsächlich auf die Körperlichkeit und die Sündhaftigkeit des Menschen beziehen.

Zu fragen ist hier nach dem Verhältnis von Handlung und Schimpfszene (wenn nur diese behandelt wird, muß der Zusammenhang durch den Lehrer vorgestellt werden), nach der Komik und der Sprache, die sich verselbständigt hat und jede mögliche Wirklichkeit überschreitet.

---

(7) Catholy (1966), S. 47.
(8) Wuttke (1978), Nr. 5.
(9) Keller, Nr. 31; die Kernszene auch bei Catholy (1969), S. 45 f.

3. Handlung und Moral: Hans Sachs

Vergleicht man dieses Spiel mit einem der Fastnachtspiele von Hans Sachs aus dem 16. Jahrhundert, so lassen sich sehr deutliche Unterschiede herausarbeiten. In dem Stück „Der groß Eyferer, der sein Weib Beicht hoeret“[10] aus dem Jahr 1553 gibt es ebenfalls eine Auseinandersetzung zwischen Mann und Frau, die im Umfang sehr knapp gehalten und ganz in eine Handlung eingebettet ist. Sie enthält keine Obszönitäten und mündet in eine Versöhnung.

Die auftretenden Figuren sind zwar immer noch Typen, aber Sachs motiviert ihre Handlungen sorgfältig und stellt kausale Beziehungen zwischen ihnen her. Die Frau leidet unter der Eifersucht ihres Mannes, der sie im Haus eingesperrt halten will. Sie möchte sich wehren und entwirft zusammen mit der Magd einen Plan. Angeblich möchte sie ihre Sünden beichten und bittet ihren Mann deswegen um Ausgang. Der verkleidet sich daraufhin als Kaplan, weil er erfahren möchte, ob oder daß sie ihn betrügt. Nun beichtet sie ihm, sie habe einen Kaplan lieb. Um den Ehebrecher zu erwischen, wacht der Mann nächtelang bewaffnet in der Kälte vor dem Haus und wird so bestraft, ehe er sich am Ende von seiner Eifersucht bekehrt.

Durch die sorgfältige Motivierung wirkt das Geschehen als eine geschlossene Handlung. Dadurch wird eine stärkere Illusionierung erzielt, ebenso durch die reinlichere Scheidung von Spielern und Publikum, das zum Eingreifen in die Handlung gar keine Möglichkeit bekommt. Festzuhalten ist ferner die Satire gegen das törichte Verhalten des Ehemannes. Die Komik liegt im Charakter bzw. Typus des Eifersüchtigen wie auch in der Intrige, die gegen ihn gespielt wird; jedoch tritt das komische Element gegenüber der moralisierenden Tendenz des ganzen Spiels zurück.

4. Spiel mit der Rolle: Andreas Gryphius

Aus mehreren Gründen wirkt die bei Sachs erreichte Integration von Figur und Handlung nicht stilbildend. Einer davon ist, daß das Handwerkertheater, von Laien mehr oder minder dilettantisch auf die Bühne gebracht, Konkurrenz durch Berufsschauspieler bekommt. In der zweiten Hälfte des 16. Jahrhunderts bereisen italienische und englische Komödiantentruppen das deutsche Sprachgebiet. Sie bringen als neuen Typ der komischen Figur Harlekin und Pickelhering, oder wie er immer heißen mag, mit. Im Deutschen heißt die Figur später Hans Wurst, im Französischen Jean Potage (Suppe), sprechende Namen also, die auf den Bereich der Vitalkomik hinweisen. Ohne Rücksicht auf den Verlauf der sonstigen Handlung treiben diese Figuren auf der Bühne ihre Späße und Clownerien und werden sogar in Trauerspielen eingesetzt.[11] Anders als die früheren Theaterveranstaltungen muß die Berufsbühne für ein zahlendes Publikum attraktiv sein.

Das „Schimpfspiel“ (= Scherzspiel) „Absurda Comica oder Herr Peter Squentz“ von Andreas Gryphius, geschrieben etwa 1648, gedruckt erstmals 1657, zeigt Einflüsse der italienischen Commedia dell’arte und der englischen Wanderbühne. Stofflicher Ausgangspunkt sind die sog. Rüpelszenen aus Shakespeares „A Midsummer Nights Dream“ (ca. 1595), die – vermutlich für sich allein – durch die englischen Berufsschauspieler nach Deutschland

(10) Wuttke (1978), Nr. 15.
(11) Beispiele bei Catholy, Komische Figur und dramatische Wirklichkeit (1966). Jetzt in: Wesen und Formen des Komischen, S. 402 ff.

vermittelt wurden. Darin proben Handwerker die Tragödie von dem Liebespaar „Pyramus und Thisbe“, die sich unter ihren Bemühungen zur komischen Persiflage des Stoffes verwandelt. Ähnlich bei Gryphius, der jedoch durch eine etwas andere Akzentsetzung sein Stück zur Literatursatire auf Handwerkertheater und Meistersang macht. Gleichzeitig dokumentiert er damit die Überlegenheit der barocken höfischen Kultur über die bürgerliche Sphäre.

Das Personenverzeichnis des Stücks unterscheidet zwei soziologisch ungleichrangige Gruppen: König, Prinz, Königin, Prinzessin und Marschall, die Hofgesellschaft also, die zufällig durch das Dorf Rumpelskirchen kommt, und die Handwerkergruppe, die aus diesem Anlaß und wegen eines erwarteten Trinkgelds ein Stück aufführen möchte. Anders als bei Shakespeare ist bei Gryphius der Schreiber und Schulmeister des Dorfes Anführer der Gruppe und Dichter des Stücks, außerdem wird einer der Meister, Lollinger, als Meistersinger und Mitverfasser des Stücks bezeichnet. Squentz ist gleichzeitig dumm und eingebildet, er bringt Eigenschaften des „Dottore“, des schwatzhaften Pedanten der Commedia dell'arte mit. Eine weitere Abweichung gegenüber Shakespeare ist die Figur des Pickelhering, der – ohne Handwerker zu sein – zu den spielenden Personen gehört, jedoch im Personenverzeichnis „des Königs lustiger Rat“ genannt wird. Soziologisch gesehen gehört er zu keiner der beiden Gruppen, sondern ist eine Figur aus eigenem Recht, nur für das Spiel da. Einer der Meister sagt von ihm: „Ja, Pickelhering ist die fürnehmste Person im Spiel, er muß das Spiel zieren wie die Bratwurst das Sauerkraut.“[12]

Es gibt eine zusammenhängende Handlung, die aber nur durch den äußeren Rahmen, die Aufführung des Stücks, vorgegeben wird, dagegen keinen Konflikt, der die Handlung weitertreiben würde. Der erste Aufzug zeigt die umständliche Verabredung zum Spiel, die Verteilung der Rollen usw., der zweite die Auswahl des Stücks gegen die Hofgesellschaft. Dabei geht es darum, daß die Handwerker, um zu glänzen, zwölf Titel angeboten haben, davon aber nur einen wirklich spielen können. Squentz muß also Ausreden finden, weshalb die anderen Stücke nicht infrage kommen. Der dritte Aufzug bringt schließlich die ständig komisch mißglückende Aufführung der Tragödie, was zurückzuführen ist auf die Ungeschicktheit, die Unbildung und die Anmaßung der Handwerker. Hier hat das Stück sein Zentrum, hier entfaltet es seine noch heute wirksame Komik. Sie beruht auf dem Kontrast von Thema und Sprache, auf der Unangemessenheit der Darstellung, der dauernden Durchbrechung der Illusion durch immer neue Fehler der Schauspieler, die aus der Rolle fallen, die Ebenen verwechseln, sich zwischendurch privat unterhalten, sich zweimal prügeln, sprachlich schiefe Bilder und Vergleiche verwenden usf. Die Liebesgeschichte wird von den Handwerkern vorwiegend unter stofflich-körperlichen Aspekten behandelt, die teilweise an das Fastnachtspiel erinnern.

Eine Auswirkung der von Martin Opitz in seiner Poetik 1624 festgeschriebenen Ständeklausel, nach der die Personen der Komödie niederen Standes sein müssen, ist die Tatsache, daß die Komik allein bei den Handwerkern liegt. Nur bei ihnen erscheint als typisches Barockthema das Mißverhältnis zwischen Sein und Schein, zwischen Anspruch und tatsächlichen Fähigkeiten. Die Zuschauergesellschaft dagegen repräsentiert die verfeinerte hö-

---

(12) Cysarz-Ausgabe, S. 19. Die Rechtschreibung ist dort modernisiert. Eine gute Interpretation des Stücks von Gerhard Kaiser findet sich in: Gerhard Kaiser (Hrsg.), Die Dramen des Andreas Gryphius. J. B. Metzlersche Verlagsbuchhandlung, Stuttgart 1968, S. 207 ff.

fische Kultur und die ästhetisch verbindliche Norm. Witzig kommentiert sie Verstöße dagegen und weist sie damit gleichzeitig zurück. Der wirkliche Konflikt ist somit eigentlich ein gesellschaftlicher, er besteht zwischen den beiden sozialen Ebenen, die zugleich verschiedene Ebenen des Kunstverständnisses sein sollen. Ein Zurückweisen der Kunstbemühung der Handwerker als ästhetisch untauglich erfolgt auch damit, daß am Ende nicht die Darbietung als solche durch ein Trinkgeld belohnt wird, sondern die „Säue", die Fehler, die die Spieler gemacht haben.

Spezielle Untersuchungsaufgaben zur Erschließung des Stücks:
- Charakterisierung von Squentz und den Handwerkern,
- Stellung und Funktion von Pickelhering,
- das Verhältnis von Komik und Handlung,
- Darstellung der beiden gesellschaftlichen Ebenen, ihrer Sprache und ihres Kunstverständnisses,
- warum das Stück trotz veränderter Gesellschaftsverhältnisse und trotz des Geltungsverlusts der ästhetischen Normen der Hofgesellschaft heute noch komisch wirkt,
- das Verhältnis von Thema und Aufführungsstil,
- der Anteil des Mimischen und Gestischen im Spiel der Handwerker,
- die Bildlichkeit und Angemessenheit der Sprache,
- die „Absurda Comica" als Literatursatire, als Barockkomödie
- Vergleich mit Stücken von Hans Sachs (Versform, Moral)
- Bedeutungshorizont des Begriffs „Komödie" in dem Stück,
- Vergleich mit Shakespeares „Sommernachtstraum".

5. Charaktere in Situationen: Lessing

Vom Fastnachtspiel bis zur Komödie der frühen Aufklärung steht eine Person mit törichtem oder jedenfalls abweichendem Verhalten im Mittelpunkt des komischen Spiels. Das närrische oder falsche Verhalten wird als feststehendes Merkmal einer Figur zugeordnet und bildet das Kennzeichen eines Typs. Um den Stellenwert von Lessings 1763 gechriebenem Lustspiel „Minna von Barnhelm oder Das Soldatenglück" einschätzen zu können, auf das alle Entwicklungslinien zulaufen und das für die Geschichte der Komödie etwas Neues bringt, ist ein Blick auf die Theorie und Entwicklung der Gattung im 18. Jahrhundert notwendig. Die Komödienreform, die der Aufklärer Johann Christoph Gottsched in Angriff nimmt, richtet sich gegen das improvisierte Stegreiftheater der Commedia dell'arte und gegen die teils possenhaften, auf Wirkung gezielten Stücke der englischen Schauspieler, er strebt eine Literarisierung des Theaters an. Das „regelrechte", schriftlich fixierte und an französischen Vorbildern ausgerichtete Stück soll zur Selbstdarstellung und zur Erziehung des Bürgertums benutzt werden. Dabei stört die komische Figur durch ihre Einlagen die Einheit der Handlung und die Wahrscheinlichkeit der Naturnachahmung (wie Gottsched nun das Wesen der Dichtung definiert). In Zusammenarbeit mit der Theaterleiterin Caroline Neuber verbannt Gottsched den Possenreißer vor allem aus dem ernsten Drama. Auch in der Komödie soll der Zuschauer nicht über Späße lachen, sondern eine Figur „verlachen", die „lasterhaft" ist, d. h. einen Fehler aufweist, der menschliches Zusammenleben stört. Die Stükke der nach diesem Programm entstehenden Typenkomödie führen den betreffenden Fehler meist schon im Titel, sie heißen etwa „Der Hypochondrist", „Der Witzling", „Der geschäftige Müßiggänger", „Die Pietisterei im Fischbeinrocke" usw.

Ebenfalls der Selbstdarstellung des Bürgertums dient das aus Frankreich kommende „weinerliche“ oder „rührende Lustspiel“ („Comédie larmoyante“), das weniger die Fehler als die Tugenden des bürgerlichen Menschen darstellt und seinen moralischen Ernst feiert. Es ist nicht komisch und hat einen versöhnlichen Schluß. Sein Hauptvertreter in Deutschland, Christian Fürchtegott Gellert, rechtfertigt 1751 diese Form auch theoretisch in der Abhandlung „Pro commedia commovente“.
Dieser Überblick über die Veränderungen der Gattung Komödie im 18. Jahrhundert müßte vor der Behandlung der „Minna“ wenigstens theoretisch skizziert werden. Besser wäre natürlich, ein Lustspiel der Frühaufklärung mit einzubeziehen. Hinzugezogen werden sollten auf jeden Fall die Paragraphen 13, 15, 17 und 20 (2. Teil, 1. Abschnitt, XI. Hauptstück) von Gottscheds „Critischer Dichtkunst“.[13]
Das für die Gattung Revolutionierende, das Lessing mit „Minna von Barnhelm“ vollbringt, ist die Überwindung der Aufklärungskomödie durch den Schritt vom Typus zum Charakter. Dies kann an der Figur Tellheims untersucht werden, zugleich wird man aber zur Verdeutlichung einige theoretische Texte Lessings heranziehen, um Lessings Abgrenzung vom Possenspiel, vom weinerlichen Lustspiel und von der Position Gottscheds herauszuarbeiten. In den „Abhandlungen von dem weinerlichen oder rührenden Lustspiele“ fordert Lessing schon 1754 die „wahre Komödie“. Das Possenspiel bringe nur Laster und Ungereimtheiten und wolle nur zum Lachen bewegen, die weinerliche Komödie dagegen wolle nur rühren; das eine sei für den Pöbel, die andere für empfindsame Seelen einiger Leute vom Stande. Die „wahre Komödie“ aber vereinige beides und sei deshalb für das ganze Volk. Sie ahme verschiedene Charaktere nach, zeige Tugenden und Laster und komme gerade durch diese Mischung und differenzierte Charakterzeichnung dem menschlichen Leben am nächsten.[14]
Lessings Auffassung von der Funktion der Komödie stimmt mit der von Gottsched darin überein, daß die Komödie nützlich sein soll. Ein entscheidender Unterschied liegt jedoch in den Ansichten darüber, wie dieses Ziel erreicht werden soll. Nach Gottsched soll die Komödie durch Verlachen, nach Lessing aber durch Lachen bessern.[15] Den Unterschied erläutert Lessing im 28. Stück der „Hamburgischen Dramaturgie“: man kann über jemanden lachen, ohne ihn zu verlachen, ja sogar trotz des Lachens, das aus den Situationen entspringt, in die ihn der Dichter bringt, Hochachtung vor ihm empfinden.
Die Fragestellung „Verlachen oder Lachen“ kann als Schlüssel zur Erarbeitung der Figur des Majors von Tellheim benutzt werden. Ob er ein komischer oder lächerlicher Charakter ist, wird in der Forschung unterschiedlich gesehen.[16] Zunächst sieht es so aus, als sei sein

(13) Die genannten Paragraphen und andere für den Unterricht verwendbare Texte zu Gottscheds Theaterreform sind leicht zugänglich in dem von J. Bark herausgegebenen Materialienanhang zu J. C. Krügers Aufklärungskomödie „Die Geistlichen auf dem Lande“, Editionen, Klett Verlag, Stuttgart 1980. – Über die Zusammenhänge der Komödienentwicklung im 18. Jahrhundert orientieren am schnellsten: Hinck, Das deutsche Lustspiel des 18. Jahrhunderts, in: Steffen (1968), S. 7 ff.; Catholy, Die deutsche Komödie vor Lessing, in: Hinck (1977), S. 32 ff.; ausführlicher: Holl (1923), S. 117 ff.; Steinmetz (1966) und Catholy (1982), S. 11 ff.
(14) Text in der Ausgabe von Bark, S. 130 ff. und bei Hein, Erläuterungen und Dokumente, S. 90 f.
(15) Hamburgische Dramaturgie, 29. Stück. Text bei Bark, S. 134, bei Hein, S. 80
(16) Neuere, allgemeine Aspekte berücksichtigende und leicht zugängliche Interpretationen gibt es von Hans-Egon Hass in: Steffen (1968), S. 27 ff.; Jürgen Schröder in: Hinck (1977), S. 49 ff.; Fritz Martini in: Martini (1979), S. 64 ff. und Eckehard Catholy (1982), S. 65 ff. Otto Mann interpretiert das Stück in dem von B. v. Wiese herausgegebenen Sammelband: Das deutsche Drama I, Bagel Verlag, Düsseldorf 1962, S. 79 ff.

Ehrgefühl nur ein komischer Trick, ein Fehler im Sinne der satirischen Verlachkomödie, aus dem dann Konflikt und einzelne Handlungsteile entwickelt werden. Hätte er ihn nicht, dann könnte das Stück in II,9 schon zuende sein. Dort nämlich begegnet die ihrem Verlobten nachgereiste Minna ihm zum ersten Mal wieder; sie als reiche Erbin kann und will dem verarmten ehemaligen Offizier natürlich aus der Notlage helfen. Es zeigt sich aber, daß es nicht eine Frage des Geldes ist und daß Tellheim gute Gründe hat, die Verlobung aufzulösen, obwohl er Minna noch liebt: Er will sie nicht in sein Unglück reißen. Schließlich steht er unter dem schweren Verdacht der Bestechung, ist unehrenhaft aus der Armee entlassen und muß gesellschaftliche Ächtung fürchten. Darum ist der Verlust seiner Ehre, den er ja bis zum Eintreffen des königlichen Handschreibens durchaus als real ansehen muß, wirklich ein Hindernis für die Aufrechterhaltung der Verlobung.
Diese Haltung, wie auch sein Verhalten gegenüber der Witwe seines ehemaligen Kriegskameraden Marloff (I,6 und 7) zeigen ihn als einen etwas starrsinnigen, aber großmütigen, tugendhaften und taktvollen Menschen, über den man keineswegs lacht. Tellheim ist kein Typ, sondern ein mehrschichtiger Charakter, bei dessen Gestaltung Einflüsse des rührenden Lustspiels unverkennbar sind. Der aus dem Charakter entwickelte Konflikt zwischen Ehre und Liebe wird von Tellheim sehr schnell zugunsten der Ehre entschieden und ist somit nicht handlungstragend. Die eigentliche Handlung kommt erst durch die Intrige Minnas zustande, die seine Einstellung nicht akzeptiert und ihn durch ihre Aktionen zum Wechsel seines Standpunkts zwingt. Die Auseinandersetzung zwischen den Verlobten steht im Zentrum des Stücks. Der Handlungsstrang, der den anscheinenden Ehrverlust und die Rehabilitation Tellheims betrifft, ist nur der Rahmen; wichtig ist er nur, weil er nach innen wirkende Entscheidungen von außen bringt. Von den Personen des Stücks wird diese Handlung übrigens in keiner Weise beeinflußt, nicht einmal von Tellheim.
Herauszuarbeiten sind zunächst die Standpunkte. In II,9 legt Tellheim seine Haltung, in IV,6 seine Gründe dar. Als das Gespräch scheitert, weil Tellheim trotz der sich abzeichnenden äußeren Wandlung seiner Situation sehr starr an der Idee der Ehre und der Gerechtigkeit festhält und Minna nichts verdanken will, gibt sie sich als enterbt aus. Nun ändert sich sein Standpunkt, und es beginnt jenes Schaukelspiel des fünften Aktes, das mit einem Typus, der starr an einer einzigen Eigenschaft oder Haltung festhält, gar nicht möglich wäre. Tellheim spricht auf einmal die ihm früher unverständliche Sprache des Herzens. Doch Minna treibt ihr Spiel selbst dann weiter, als er rehabilitiert ist. Sie wendet seine früheren Argumente gegen ihn und will ihm ihrerseits nichts verdanken. In der Szene V,9, die eine spiegelbildliche Umkehrung von IV,6 ist, zwingt sie ihn, seine eigenen Argumente zu widerrufen. Tellheim vertritt jetzt den Standpunkt der Liebe und ist sogar bereit, auf seine Rehabilitierung zu verzichten, um im Unglück Minna gleich zu sein.
Sehr lange bleibt Minna Meisterin des Spiels, bis sie es mit der Ringvertauschung zu weit treibt. Es entgleitet ihr, als Tellheim glauben muß, Minna habe von Anfang an mit ihm brechen wollen (V,10/11). Erst als sie durch die Ankunft ihres Oheims scheinbar in Not gerät, springt ihr der Gekränkte bei, um sie zu beschützen, und alles kann sich auflösen.
Es ist deutlich, daß das Komische nicht aus den Charakteren der Hauptfiguren entspringt, sondern aus den Situationen, in die sie geraten oder sich selbst bringen. Anders verhält es sich mit den Randfiguren. Just, Werner, Franziska, der Wirt und Tellheims Parallel- und Kontrastfigur Riccaut entfalten die bekannte Typenkomik. In ihnen wirken die Einflüsse der Commedia dell'arte nach, in der die Diener immer besondere Pfiffigkeit mitbrachten

und die Wirte neugierig zu sein hatten. Riccaut steht in der Tradition der Soldaten im Lustspiel, er ist unverkennbar ein Nachfahre des großsprecherischen Capitano.
Bei der Umsetzung im Unterricht sollte besonders auf die Sprache geachtet werden. Das zentrale Problem der Kommunikation läßt sich gut an dem großen Dialog in IV,6 herausarbeiten, der sich in vier Phasen entfaltet.[17] Bisher nicht erwähnt wurde, daß das Lustspiel auch ein Zeitstück ist, das aktuelle Probleme verarbeitet. Goethe nannte es in seiner Autobiographie „die wahrste Ausgeburt des Siebenjährigen Krieges". Im übrigen sollten die angesprochenen Fragen des Verhältnisses von Charakter, Intrige und Handlung thematisiert werden.
Weitere Gesichtspunkte:
- Einflüsse des rührenden Lustspiels und der Commedia dell'arte auf Charaktere und Typen,
- Vergleich Tellheim – Riccaut,
- Anwendung der Gesichtspunkte von Gottscheds satirischer Verlachkomödie und von Lessings eigener Komödientheorie auf das Stück,
- Einschmelzung herkömmlicher Komödienelemente,
- Überwindung der Aufklärungskomödie.

6. Integration von Handlung und Figur: Kleist

Der Mißerfolg von Heinrich von Kleists Lustspiel „Der zerbrochne Krug" bei der Uraufführung durch Goethe 1808 in Weimar hatte unter anderem damit zu tun, daß in dem Stück Handlung vermißt wurde und daß die Zuschauer vermutlich eine satirische Verlachkomödie erwarteten. Als äußerer Grund kommt hinzu, daß Goethe den Text in drei Akte eingeteilt hatte und eine längere Fassung des letzten Auftritts spielen ließ, was den Ablauf zerdehnte und Adams Erpressungsvesuch an Eve stark akzentuierte. Die Vorwürfe über die fehlende Handlung sind durch das ganze 19. Jahrhundert hindurch in vielfacher Variation wiederholt worden. Sie hängen offensichtlich mit der analytischen Struktur des Stücks zusammen. Das eigentliche Geschehen, nämlich des alten Adam lüsterne Attacke auf das junge Mädchen Eve, bei der der Krug zerbricht, hat sich schon ereignet, bevor das Drama einsetzt. Nichtsdestoweniger hat es eine Handlung: die Suche nach dem Schuldigen und die Aufdeckung des Geschehens. Ihre Form ist der Prozeß. Wie fast alle Handlungen auf der Bühne wird auch diese sprachlich vermittelt.
Zunächst muß von Adam die Rede sein, Täter und Richter zugleich, der aber, anders als sein tragisches Pendant Ödipus bei Sophokles, die Wahrheit schon weiß, sie aber nicht offenbar werden lassen will. Er ist dick, kahlköpfig und hat einen Klumpfuß. Er liebt Essen und Trinken – als der Gerichtsrat zur Inspektion angekündigt wird, müssen erst „Kuhkäse, Schinken, Butter, Würste, Flaschen" (Vers 194) aus der Registratur geschafft werden – und steigt, wohl vergeblich, jungen Mädchen nach. Mit diesen Eigenschaften und diesem Verhalten gleicht er dem altbekannten Komödientyp des lüsternen Alten, der deswegen komisch wirkt, weil seine Bemühungen scheitern. Er ist also, kurz gesagt, ein Vertreter der schon seit der Antike gebräuchlichen Freß-, Sauf- und Sexualkomik. Mit dieser Figur nimmt Kleist, hinter Gottscheds Reform zurückgreifend, eine alte Komödientradition wie-

(17) Dazu Martini (1979), S. 89 ff.

der auf.[18] Sieht man Adam unter diesem Gesichtspunkt und nicht als „realistische" Figur, dann werden Interpretationen, die in erster Linie auf das Gesellschaftliche zielen und ihn als Vertreter der korrupten preußischen Verhältnisse sehen wollen, etwas fragwürdig.
Für den Zuschauer ergeben sich im Prinzip zwei Möglichkeiten, Adam zu sehen: als Komödientyp und Spielfigur, mit der er halb im Bunde ist, oder als reale Verkörperung bestimmter moralischer und gesellschaftlicher Mißstände. Im ersten Fall lacht der Zuschauer nicht über die Entlarvung des Richters, sondern über die spielerische Normverletzung, die von dem eigenen Rollenzwang entlastet. Im zweiten Fall wird er die moralische Elle anlegen, mit der Adam nur als Bösewicht und gemeines Subjekt ausgemessen werden kann.
Auf welche Weise ist die Hauptfigur mit der Handlung verbunden? Wie verhält es sich mit der Komik, haftet sie nur an Adams Eigenheiten? Sie geht, wie schon oft beobachtet, vom Charakter aus, aber zugleich auch von der Handlung. Alle daran Beteiligten haben scheinbar ein gemeinsames Ziel, agieren in Wirklichkeit jedoch neben- oder gegeneinander. Die Handlung besteht aus den Verhören des Prozesses, aus Fragen und Antworten, die darstellen, ans Licht bringen sollen, was an dem fraglichen Abend geschehen ist. Unter dieser äußeren Form als Oberfläche gibt es eine verborgene Tiefenschicht, die Motive der einzelnen, die der Darstellungs- und Erhellungsfunktion des Prozesses entgegenlaufen. Nur Frau Marthe will wirklich wissen, wer den Krug zerbrach, wobei sie auf komische Weise die für die eigentlichen Zusammenhänge eher nebensächliche Scherbe ins Zentrum rückt.
Adam muß seines Amtes wegen ermitteln und fragen, er will aber nur die Teilaspekte erfahren (für sich selbst), die er aus eigener Kenntnis noch nicht weiß, z. B. womit er auf den Kopf geschlagen wurde. Im übrigen will er den Sachverhalt verschleiern, handelt aber innerhalb eines von außen vorgegebenen Rahmens, der Prozeßform, über deren einigermaßen korrekte Anwendung der Gerichtsrat Walter wacht. Handlungstragend und komisch zugleich sind nun die immer neuen Versuche des Richters, aus dem auf die Entdeckung des Täters zielenden Prozeß auszubrechen, um seine Entlarvung zu verhindern: immer neue Lügen und Ausreden über den Verbleib der Perücke, der Versuch, die Zeugen zu beeinflussen und zu bedrohen, andern die Schuld vorschnell zuzuweisen, die Verhandlung zu vertagen usf. Alle diese Ablenkungsmanöver gehen aus der Handlung hervor und münden, indem sie ihr neue Impulse geben, wieder in sie ein. So sind Adams Finten keine einzelnen Aktionen des komischen Charakters, sondern sie sind untrennbar von der Handlung selbst.
Nicht komisch ist der Strang der Ruprecht-Eve-Handlung, weil das Mädchen sich durch Adams Erpressungsversuch in einem für sie nicht lösbaren Konflikt befindet. Sie möchte ebenfalls das Geschehen, das zum Zerbrechen des Kruges führte, verschleiern. Tut sie es nicht, so muß – jedenfalls glaubt sie das – Ruprecht nach Batavia, von wo nur wenige wiederkommen. Indem sie aber den Sachverhalt verbirgt, belastet sie sich selbst, weil Ruprecht sie dann für untreu halten muß; in beiden Fällen verliert sie ihn. Vergeblich fordert sie ihn auf, ihr blind zu vertrauen. Mitten in der Komödie als tragische Perspektiven typische

(18) Dies ist eine der Hauptthesen von Ewald Rösch: Bett und Richterstuhl. Gattungsgeschichtliche Überlegungen zu Kleists Lustspiel „Der zerbrochne Krug". In: Kritische Bewahrung. Festschrift für Werner Schröder. Hrsg. von Ernst-Joachim Schmidt. Erich Schmidt Verlag, Berlin 1974, hier: S. 456 ff. Weitere Interpretationen mit teilweise anderer Akzentsetzung: Hans Joachim Schrimpf in: B. v. Wiese (Anm. 16) S. 339 ff.; Karl Ludwig Schneider in: Steffen (1968), S. 166 ff.; Helmut Arntzen (1968), S. 178 ff.; Jürgen Zenke in: Hinck (1977), S. 89 ff.; Fritz Martini in: Martini (1979), S. 150 ff.; Eckehard Catholy (1982), S. 170 ff.

Kleist-Themen: Mißverständnisse und Mangel an Vertrauen als Zeichen der Gebrechlichkeit der Welt.

Unter welchen Bedingungen Komik und Komödie möglich bleiben, darüber kann ein gedankliches Experiment belehren: Man stelle sich vor, die Erpressung und Nötigung Evchens sei Adam gelungen und er komme ungeschoren davon. In diesem Fall wird man kaum noch über ihn lachen können. Nur sein Scheitern in der Vorgeschichte und die Erwartung des positiven Schlusses – daß er zur Rechenschaft gezogen wird – machen es möglich, die Normabweichung als komisch zu empfinden. Sie bleibt nämlich harmlos. Weil Adam trotz seiner Verwandtschaft mit den alten Mimus-Typen, mit Harlekin und Hanswurst nicht funktionslose Possen treibt, sondern eine Hauptrolle in der tragenden Handlung innehat, unterliegt er letzten Endes doch gesellschaftlichen Normen. Diese verlangen, daß er am Ende auf irgendeine Weise zur Ordnung gerufen wird, was von Kleist lustspielmäßig elegant gelöst wird. Zwar wird der Richter entlarvt und von dem Gerichtsrat vorläufig seines Amtes enthoben, nicht aber aus der Gesellschaft ausgestoßen. Der Schreiber Licht erhält am Ende den Auftrag, den Entflohenen wiederzuholen, Besserung scheint nicht unmöglich.

Bei der Realisierung im Unterricht wird zu verfolgen sein, mit welchen Aktionen Adam die Zielhandlung zu stören und zu unterlaufen sucht und wie sich dabei sowohl aus der Person wie aus dem Gegeneinander der verschiedenen Interessen und Antriebe der Personen das Komische entfaltet. Die Probleme der Handlung und der Beurteilung der Figur Adam lassen sich mit vorliegenden Zusatztexten erarbeiten.[19] Die Frage, ob „Der zerbrochne Krug“ eine Satire ist, entscheidet sich mit der Bewertung Adams.

Weitere Themen:

– die Deutung des „Zerbrochnen Krugs“ als Kritik der preußischen Gesellschaft,
– das Verhältnis des „Zerbrochnen Krugs“ zu „König Ödipus“ von Sophokles,
– die Behandlung der Sprache,
– die Symbolik von Krug und Perücke,
– der theologische Unterbau des Stücks und die Symbolik der Personen- und Ortsnamen[20],
– typisch Kleistsche Themen in der Eve-Ruprecht-Handlung,
– die Abhängigkeit der Komik von dem positiven Schluß.

---

(19) Zum Problem der Handlung finden sich bei Sembdner, Erläuterungen und Dokumente, u. a. Texte von Falk (S. 103 f.), Goethe (S. 105) und Riehl (S. 119 f., positiv); zur Frage der Beurteilung Adams als Bösewicht, Spielfigur und Typus der alten Komödientradition siehe die Texte von Korff, Martini und Rösch in den von Haida bearbeiteten Materialien des Editionenbandes „Der zerbrochne Krug“, S. 100 ff. und 108 f. – Zu den weiteren genannten Themen enthalten die beiden Sammlungen ebenfalls Texte.

(20) Dazu zusammenfassend: Catholy (1982), S. 174 ff.

Textbeispiel 1

„Von der Puolschaft“

Ausschreier:

**Got grüß den wirt zu aller frist
Und alles, das euch lieb ist,
Dem sol got geben hail und seld!
Eur gut wort ich zu eren meld.
Wir suchen heut unser gut freunt,
Eur haus ist vor uns unverzeunt.
Wir wollen euch solches sagen,
Das ir von uns seit wol vertragen,
Wenn man die hulzen glocken leut.
Und ob wir tun als narren heut,
So nembt unsern Schimpf vergut,
Seit man ider zeit ir recht tut.**

Ein Nachpaur spricht:

**Nun schweigt und hort, ich tu euch kunt,
Wie dieser paur der Molthunt
Der ist mit seinem zeug so kün,
Der hat gemacht wol zehen sün,
Die hat im Geisel sein weip geporn
Und die sein all zehen narren worn.
Doch hort man von in sagen mer,
Das sie sein die grosten pulschafter
Und sie wollen davon nicht loßen.
Man wil sie darumb verstoßen.
Sie wollen all winkel außwaschen
Und ieder fur ir küten naschen.
[. . .]**

Der zehent Puoler:

**Nu schweigt, ir narren, und hort,
Wie mich ein schone frau betort.
Sie trug mich auf ein hohe stigen
Und sprach: Du must heint bei mir ligen.
Es wacht noch iderman im haus:
Ein weil trit auf den ganc hin auß!
Du must ein weile warten noch.
Da must ich fallen durch ein loch
In ein tiefe scheißreihen.
Also tet mich mein pul einweihen.
Das tet mir in mein nasen riechen,
Ich must durch den dreck herauß kriechen.
Meiner pulschaft mir also gelank,
Das ich ein monat danach stank.
Und ich gund jemerlich heim triefen
Und must zu dem hunerloch einschliefen.
[. . .]**

Vers 4: „seld“ = Glück, Segen; V. 6: „unverzeunt“ = nicht versperrt; V.9: „die hulzen glocken leut“ = sich närrisch verhält; V. 11: „schimpf“ = Scherz, Spaß; V. 24: „fur“ = Frau; „küten“ = weibl. Scham; V. 28: „heint“ = heute nacht; V. 33: „reihen“ = Rinne; V. 37 = brachte es fertig; V. 40: „einschliefen“ = hineinschlüpfen
(Keller Nr. 13, S. 115 ff. Ausschnitt.)

Textbeispiel 2

Hans Folz: „Ein hubsch vasnachtspil“

[. . .]
Das weip:
Ach du schnoder verheiter pub,
Vil minder erenwert pist du, dann ein rub,
Du fuller, fresser, saufer und slaucher,
Du heimlicher tuckischer diebstaucher,
Du speier, zututler, lotter und smaicher,
Du trieger, teuscher, bescheißer und besaicher,
Du erzschalk, pfabentreiber und leistreter,
Du wurfelleger, poswicht und verreter,
Du raßler, hurer, eprecher und durchecht,
Du schintfessel, frauenschender, teufelsknecht,
Du gatzer und statzer, du tummer und tauber,
Du gauch, esel, narr und erenberauber,
Du lastermailiger, schlurschlechtiger erenoser,
Du felscher, unverschemter afterkoser,
Du federklauber, orenkrauer, blodrer und todrer,
Du stumpler, petler, schwadrer, rodrer,
Du plintenfurer, erensteler, posheitstengel,
Du scheuhentag und du galgenschwengel,
Du luchs, du fuchs, du paurenfeint, lernstadel,
Pfaffenhagel, suchenwurfel, du galgenwadel,
Du rurenprei, rosmorderer, zuckenrigel,
Du fegenpeutel, du raumslant, pubenstrigel,
Du lerenschrein, zuckßschwert, du raubengast,
Du lantrupfer, suchenwirt, du galgenast.
Das pest ist, wo du ein kumst gegangen,
So wirst du albeg zwir enpfangen,
Zum ersten dem teufel, darnach got,
Das erst ist ernst, das ander spot.
Solt ich dein posheit halbe sagen,
Man sprech, dich solt das ertrich nit tragen.
Der man dicit:
Seit ich dir bin ein solcher schalk,
So pist du ein schnoder lasterpalk,
Dein schand wil ich legen an tak,
Du fleckpolster, du schnoder sack!
Sag mir, pist nur anders doch,
Dan ein hantschlit, eine schwere pird und joch?
Du kumet, rosfeil und uberlast,
Du fegenteufel, rollfaß, du schimelkast,

Du leschtrog, harmkrug, lochrete tasch,
Du stinkender eimer, du kunige flasch,
Du anhank, du schelmigs aß,
Du kiteltuch, teufelsslucht und rollfas,
Du merwunder, ungelucksnest, du falldubel,
Du mürfeltier, du herhur, du lasterschubel,
Du kupplerin, geitiger schlunt und nasenrimpf,
Du spulnapf, hebenstreit, wentenschimpf,
Du fiper, nater, du weter, donder und plitz,
Du wulfin, preckin, unhuld, pilbitz!
Das großt will ich vor den leuten versweigen,
Ich wolt dir wol ein tanzmaß geigen,
Das man dir ein sack an huls wurd kaufen
Und mit dir durch die Pegnitz wurd laufen.

V. 1: „verheit“ = verflucht;
V. 3: „slaucher“ = Nascher;
V. 5: = Du Spötter, Schmarotzer, Schwindler und Schmeichler;
V. 7: „pfabentreiber“ = Pfauentreiber (Zuhälter?);
V. 9: „raßler“ = Würfelspieler; „durchecht“ = Unterdrücker;
V. 10: „schintfessel“ = Leuteschinder; „frauenschender“ = Frauenschmäher;
V. 11: = Du Stotterer und Stammler, du Einfältiger und Tor;
V. 13: „erenoser“ = Ehrvernichter;
V. 14: = Du treuloser, schamloser Verleumder;
V. 15: = Du Schmeichler, Kriecher und Schwätzer;
V. 16: = Du Pfuscher, Bettler, Schwätzer, Aufrührer;
V. 37: „rosfeil“ = Raspel zum Feilen der Pferdehufe;
V. 39: „harmkrug“ = Nachttopf;
V. 40: „kunige“ = zu lat. cunus, weibl. Scham;
V. 41: „schelmig“ = verwest;
V. 43: „merwunder“ = Ungetüm; „falldubel“ = Fallsucht;
V. 44: „lasterschubel“ = Schandhaufen;
V. 45: „geitig“ = gierig;
V. 48: „preckin“ = Hündin; „unhuld, pilbitz“ = Hexe.
(Keller Nr. 31, Ausschnitt. Abdruck von Text und Anmerkungen nach Catholy (1969), S. 45 f. und S. 185 f.)

Literatur

Arntzen, Helmut: Die ernste Komödie. Das deutsche Lustspiel von Lessing bis Kleist. Nymphenburger Verlagshandlung, München 1968.
Catholy, Eckehard: Fastnachtspiel. Metzlersche Verlagsbuchhandlung, Stuttgart 1966. (= Sammlung Metzler 56)
Catholy, Eckehard: Das deutsche Lustspiel. Vom Mittelalter bis zum Ende der Barockzeit (= Bd. I/1969). Von der Aufklärung bis zur Romantik (= Bd. II). W. Kohlhammer, Stuttgart 1982.
Frenzel, Herbert A.: Geschichte des Theaters. Daten und Dokumente 1470–1840. Deutscher Taschenbuch Verlag, München 1979.
Grimm, Reinhold/Hinck, Walter: Zwischen Satire und Utopie. Zur Komiktheorie und zur Geschichte der europäischen Komödie. Suhrkamp Verlag, Frankfurt a. M. 1982.
Haida, Peter: Komödie um 1900. Wandlungen des Gattungsschemas von Hauptmann bis Sternheim. Fink Verlag, München 1973.
Hinck, Walter: Das deutsche Lustspiel des 17. und 18. Jahrhunderts und die italienische Komödie. Metzlersche Verlagsbuchhandlung, Stuttgart 1965.
Hinck, Walter (Hrsg.): Die deutsche Komödie. Vom Mittelalter bis zur Gegenwart. Bagel Verlag, Düsseldorf 1977.
Holl, Karl: Geschichte des deutschen Lustspiels. Leipzig 1923. Unv. Nachdruck der Wissenschaftl. Buchgesellschaft, Darmstadt 1964.
Martini, Fritz: Lustspiele – und das Lustspiel. 2., unveränderte Aufl. Klett-Cotta, Stuttgart 1979.
Prang, Helmut: Geschichte des Lustspiels. Von der Antike bis zur Gegenwart. Alfred Kröner Verlag, Stuttgart 1968.
Schoeller, Bernd: Gelächter und Spannung. Studien zur Struktur des heiteren Dramas. Atlantis Verlag Zürich 1971.
Steffen, Hans (Hrsg.): Das deutsche Lustspiel. Vandenhoeck & Ruprecht, Göttingen Bd. I/1968, Bd. II/1969.
Steinmetz, Horst: Die Komödie der Aufklärung. Metzlersche Verlagsbuchhandlung, Stuttgart 1966. (= Sammlung Metzler 47).
Das Komische. Hrsg. von Wolfgang Preisendanz und Rainer Warning. Fink Verlag, München 1976. (= Poetik und Hermeneutik VII)
Wesen und Formen des Komischen im Drama. Hrsg. von Reinhold Grimm und Klaus L. Berghahn. Wissenschaftl. Buchgesellschaft, Darmstadt 1975. (= Wege der Forschung Bd. 62)

Texte und Materialsammlungen

Wuttke, Dieter (Hrsg.): Fastnachtspiele des 15. und 16. Jahrhunderts. Ausgewählt und herausgegeben unter Mitarbeit von *Walter Wuttke.* 2., verb. u. ergänzte Aufl. Reclam, Stuttgart 1978.
Keller, Adelbert von (Hrsg.): Fastnachtspiele aus dem 15. Jahrhundert. Bibliothek des Literarischen Vereins, Stuttgart (Teil 1) 1853.
Gryphius, Andreas: Absurda Comica oder Herr Peter Squenz. Schimpfspiel in drei Aufzügen. Hrsg. von Herbert Cysarz. Reclam, Stuttgart 1954.
Lessing, Gotthold Ephraim: Minna von Barnhelm. Text mit Materialien. Ausgewählt u. eingeleitet von Joachim Bark. Editionen-Reihe, Klett, Stuttgart 1979.
Hein, Jürgen (Hrsg.): Erläuterungen und Dokumente zu Lessing, Minna von Barnhelm. Reclam, Stuttgart 1970, bibliogr. ergänzte Ausgabe 1977.
Kleist, Heinrich von: Der zerbrochne Krug. Text mit Materialien. Ausgewählt u. eingeleitet von Peter Haida. Editionen-Reihe, Klett, Stuttgart 1982.
Sembdner, Helmut (Hrsg.): Erläuterungen und Dokumente zu Kleist, Der zerbrochne Krug. Reclam, Stuttgart 1979.

EINE POSTKARTE FÜR DEN WALD

Nur ein Notprogramm kann unsere Wälder vielleicht noch retten. Es läßt sich aber politisch nur durchsetzen, wenn eine große Zahl von Bürgern es will und fordert, deutlich mehr als die gewohnte Minderheit der politisch Aktiven. Machen Sie deshalb mit bei unserer Aktion! Fordern Sie mit Ihrer Postkarte die verantwortlichen Politiker auf, ein sofort wirksames Notprogramm zu erlassen.
Unterstützen Sie den

»TUTZINGER AUFRUF« an die Bundesregierung zur Rettung unserer Wälder

über den Umweltbeauftragten der Evangelischen Kirche, Herrn Pfarrer Dr. Kurt Oeser (Postfach 1124, 6082 Mörfelden-Walldorf 1).
In den letzten Monaten und Wochen hat das Waldsterben in erschreckender Weise zugenommen und bereits das gewohnte Bild der Natur verändert. Mit einer Zukunft aber, ohne Wälder, sogar ohne Hecken und Büsche, können wir uns nicht abfinden, wir können sie uns nicht einmal vorstellen. Daher richten wir diesen dringenden Aufruf an die Bundesregierung, öffentlich anzuerkennen, daß wir uns in einem außergewöhnlichen ökologischen Notstand befinden, der außergewöhnliche Entscheidungen fordert.
Die Luftverschmutzung, wie sie vor allem durch die Großfeuerungsanlagen und den Kraftfahrzeugverkehr entsteht, gilt allgemein als Hauptursache. Daher muß diese Luftverschmutzung möglichst sofort entscheidend gesenkt werden und nicht erst zu einem Zeitpunkt, an dem es vermutlich kaum noch Wälder geben wird (nämlich erst 1986 und teilweise sogar noch wesentlich später, wie dies die neuesten Verordnungen vorsehen). Die technischen Voraussetzungen dafür sind vorhanden und werden in anderen Ländern bereits eingesetzt. Wo sie dennoch nicht ausreichen oder nicht schnell genug verfügbar sind, muß man sie notfalls durch gesetzliche Maßnahmen ergänzen, die den ungehemmten Energieverbrauch begrenzen, bis hin zum Betriebsverbot von Kraftwerken und gezielten Verkehrsbeschränkungen.

Ein solches Notprogramm fordert ungewohnte Opfer von uns allen; diese Opfer aber sind mit Sicherheit gering angesichts der Katastrophe, die uns erwartet, wenn wir jetzt nicht handeln.

Gleichzeitig bitten wir alle Bürger, diesen Aufruf zu unterstützen, indem sie an Herrn Pfarrer Dr. Kurt Oeser eine entsprechende Postkarte mit Unterschrift und Adresse senden. Er bürgt dafür, daß nicht nur die politisch Verantwortlichen, sondern auch die Öffentlichkeit regelmäßig über den Stand der Aktion unterrichtet werden. Jeder Mißbrauch der Daten wird ausgeschlossen.

Tutzing, den 18. September 1983 — Lehrerwerkstatt Nr. III

Der Aufruf wurde im September '83 von rund 70 Lehrern verfaßt, die in der Evangelischen Akademie Tutzing an der Lehrerwerkstatt zum Thema «Waldsterben» teilgenommen haben.
Voraussetzung für das Gelingen der Aktion ist, daß jeder, der den verzweifelten Ernst unserer ökologischen Situation begriffen hat, nicht nur selbst eine Postkarte absendet, sondern sich nach besten Kräften dafür einsetzt, daß der Aufruf verbreitet und die Aktion weitergetragen wird. Sprechen Sie in Ihrer Familie, mit Nachbarn, Kollegen, Kindern und Schülern über das fortschreitende Vegetationssterben, sein Ausmaß und seine Folgen, wie es sich uns Tag für Tag dramatischer im Waldsterben zeigt.
Diese Aktion zur Rettung unserer Wälder kann, wenn sich viele Bürger daran beteiligen, zu einem «Volksbegehren per Postkarte» werden. Bitte helfen Sie mit!

Material bekommen Sie von der Evangelischen Akademie Tutzing, Schloßstraße 2-4, 8132 Tutzing, Telefon (08158) 2510, Durchwahl 251-127
(Flugblätter, Postkarten, Plakate, Unterschriftenlisten)

Leander Petzoldt

Komik der Lebenswelt und „volkstümliche“ Komik vom ausgehenden Mittelalter bis zur Reformation

I. Komik, Ästhetik und Lebenswelt.

Das Mittelalter ordnete, fußend auf der antiken Rhetorik, das Komische und die Komödie der unteren Stilebene, dem „stilus inferior“ bzw. dem „genus humile“ zu. Die dreifache Gliederung der Stilarten[1], die sich im mittleren und gehobenen Stil (g. mediocre; g. sublime) fortsetzte, war zunächst eine literarisch-ästhetische, aus dem Taxonomie-Bedürfnis der antiken Rhetorik erwachsene Klassifikation. Diese drei Stilarten, die bei den verschiedenen Theoretikern und Schriftstellern unterschiedlich benannt werden, beziehen sich allgemein auf drei Gegenstandsebenen. Sie werden im Mittelalter unter Berufung auf Vergil auf die Ständeordnung übertragen.[2]
Ausgehend davon werden – immer in Anlehnung an Vergils Werke – weitere triadische Entsprechungen hergestellt, die alle Bereiche des Lebens (und der Literatur) umfaßten. Solche Entsprechungen waren, im bezug auf die relevanten gesellschaftlichen Funktionen: Hirte – Bauer – Krieger; im bezug auf die Landschaftskulisse: Buche – Obstbaum – Lorbeer; und im bezug auf den Handlungsort: Trift (Weide) – Acker – Stadt (Burg). Die Entsprechungen innerhalb der Systematik vom niederen zum höheren Stil, wurden in der sog. „rota Vergilii“ (das Rad Vergils), einem aus konzentrischen Kreisen gebildeten Schema dargestellt.[3]
Was in der Antike eine vorwiegend stilistisch-ästhetische Klassifizierung war, wird nun im Mittelalter zu einer sozial begründeten ethischen Wertung der literarischen Gattungen weiterentwickelt. Die Komödie gehört damit von Schauplatz, Personal und Handlung her gesehen, denen nichts Heroisches anhaftet, zu den Gattungen des „niederen Stils“, ebenso wie die komisch intendierten volkstümlichen Literaturgattungen vom bîspel und der Fazetie bis zum Versschwank und dem Fastnachtspiel. Denn manche Komödien sind geradezu „dialogisierte Schwänke in elegischem Versmaß“,[4] schreibt Ernst Robert Curtius, indem er sich auf die mittellateinische Komödie des 12. Jahrhunderts bezieht. Aber das hat auch noch Geltung für die volkstümliche Prosadichtung des 15. Jahrhunderts, den Schwank wie er in den zahlreichen Sammlungen dieser Zeit vertreten ist. Im „Rollwagenbüchlein“ des

---

(1) E. R. Curtius, Die Lehre von den drei Stilen im Altertum, in: Romanische Forschungen 64 (1952), S. 57 ff.
(2) E. R. Curtius, Europäische Literatur und lateinisches Mittelalter, Bern und München ³1961, S. 238
(3) K. Bertau, Deutsche Literatur im europäischen Mittelalter I. München 1972, S. 242 f.
(4) Curtius, a. a. O., S. 390, Anm. 3

Elsässer Dichters Jörg Wickram[5] findet sich ein Schwank, der in der Erzählforschung unter dem Typus „Maître Pathelin“ bekannt ist:

Einer ward vor dem Gericht wegen einer Sache angesprochen, daß er sich wohl dachte, er werde ohne Geld nicht davonkommen. Das klagt er einem Fürsprecher oder Advokaten, der sprach zu ihm: „Ich will Dir zusagen, aus der Sach zu helfen und von allen Kosten und Schaden Dich davonbringen, sofern Du mir 4 Gulden zum Lohn für meine Arbeit geben willst.“ Dieser ward zufrieden und versprach ihm, die vier Gulden zu geben, sofern er ihm aus der Sache hülfe. Da gab ihm der Advokat den Rat, wenn er mit ihm vor das Gericht käme, so solle er keine andere Antwort geben, was immer man ihn fragte oder schalt als das einzige Wort „bee“. Als sie nun vor das Gericht kamen, und er auf diesem angeklagt wurde, konnte man kein anderes Wort aus ihm herausbringen als „bee“. Also lachten die Herren und sprachen zu seinem Fürsprecher: „Was wollt Ihr an seiner Stelle antworten?“ Da sprach der Fürsprecher: „Ich kann nichts für ihn sagen, denn er ist ein Narr und er kann mir auch nichts berichten, was ich sagen soll. Es ist nichts mit ihm anzufangen. Er sollte billig für einen Narren gehalten und ledig gelassen werden.“ Also gingen die Herren zu Rate und ließen ihn laufen. Danach verlangt der Fürsprecher von ihm die vier Gulden. Da sprach dieser: „Bee“. Der Fürsprecher sprach: „Du wirst mir das nicht abbeehen, ich will mein Geld haben.“ Und brachte ihn vor das Gericht. Und als sie beide nun vor dem Gericht standen, da sagte dieser allewege „bee“. Da sprachen die Herren zum Fürsprecher: „Was macht Ihr mit dem Narren? Wißt Ihr nicht, daß er nicht reden kann?“ Also mußte der Advokat das Wort „bee“ für seine vier Gulden zum Lohn haben und traf Untreue ihren eigenen Herrn.

Was im Schwankbuch des Colmarer „Tichter und Bürger“ als Prosaschwank erscheint, ist die entscheidende Episode, der pointierte komische Höhepunkt der um 1466 erstmals in der Gegend von Rouen schriftlich fixierten Farce[6] „Maîstre Pierre Pathelin“. Das Motiv vom betrogenen Betrüger, dem Advokaten, der von dem Schafhirten Agnelet um sein Honorar geprellt wird, kann zugleich als Ständespott verstanden werden, und es liegt nahe, die Vorlage in schwankhaften Erzählungen aus der zeitgenössischen Überlieferung zu suchen. Über die dramatische Form der Farce, die zwei Episoden miteinander verbindet, den Betrug des Advokaten an dem Tuchhändler Joceaume, den er um die Bezahlung von sechs Ellen Tuch prellt, sowie den Prozeß des Tuchhändlers gegen den Hirten wegen des Verlusts seiner Herde, gelangt der Stoff zu überregionaler literarischer Berühmtheit. Nicht zuletzt aber ist es die einfallsreiche, von mannigfachen Intrigen bestimmte Handlung, die durch ihre Komik diesem Stoff bis heute seine Wirkung sichert.[7]

Die hier angewandte Komik ist unterschiedlicher Art. Zunächst einmal ist es Wortkomik, die in dem onomatopoetischen, das Blöken der Schafe nachahmenden „bee“ besteht. Diese Wortkomik wirkt durch die konstante Wiederholung ihrerseits wiederum komisch. Im französischen Text tritt eine weitere komische Pointe hinzu, die im Wörtlichnehmen einer Redensart besteht: „payer à un mot“ bedeutet, „den vereinbarten Preis zahlen“, was der Hirt

(5) Hrsg. H. Kurz, Leipzig 1865, Nr. 36; vgl. auch L. Petzoldt (Hrsg.), Deutsche Schwänke, Stuttgart 1979, Nr. 80

(6) Farce „Bezeichnung eines kurzen, derbkomischen Zwischenspiels, das in ein ernstes Drama eingeschoben ist, und Gattungsnamen für ein selbständiges Theaterstück dieser Art“ vgl. R. Hess u. a., Literaturwissenschaftliches Wörterbuch f. Romanisten, Frankfurt 1971, sub verbo

(7) Vgl. die 1969 erschienene Oper „Maître Pathelin“ oder die Hammelkomödie von R. Kunad. Zur Stoffgeschichte vgl. E. Frenzel, Stoffe der Weltliteratur, Stuttgart ^{4}1976, S. 456 ff.

wörtlich nimmt, indem er seinen Advokaten mit dem Wörtchen „bee“ bezahlt.[8]
Die dramatische Form des Schwanks, die Farce, bietet neben der Repetitionskomik weitere komische Wirkungen: Verwechslungskomik, wenn der düpierte Kaufmann vor Gericht ständig die Tuchaffäre mit den Schafen verwechselt; Situationskomik, wenn Pathelin, sich krank stellend, jedesmal ins Bett springt, sooft sein Gläubiger ihn aufsucht; Gestenkomik, wenn Pathelin sein Gesicht verbirgt, um nicht erkannt zu werden.[9]
Und immer wieder die durch Wiederholung eines Wortes oder Satzes entstehende Komik, wenn der Richter in der allgemeinen Verwirrung versucht, mit dem sprichwörtlich gewordenen „Revenons à ces moutons“ auf die Hammelaffäre zurückzukommen.
Das ganze Stück ist schließlich mit verbaler Komik gewürzt, die sich in Redensarten, Flüchen, fremdsprachlichen Ausdrücken und skatologischen Anspielungen manifestiert.
Die dramatische Ausformung des Komischen – dies wird an dem Beispiel deutlich – bietet sehr viel mehr und andere Möglichkeiten zur Erregung komischer Effekte als der geschriebene Text. Die Unterscheidung zwischen dem epischen und dramatischen Schwank ist nicht nur gattungstypologischer Art; sie wird im Hinblick auf die Charakterkomik bestimmter dramatischer Gestalten in der Komödie relevant. „Erst in der Aktion enthüllt sich die Komik der Charaktere“.[10]
Aber auch die Formen verbaler Komik bedürfen einer differenzierten Betrachtung; gerade im volkstümlichen Theater, im Volksstück, in der Posse, hat sich die pointenreiche Sprache mit Anspielungen, bewußter Verdrehung, fremdsprachlichen Zitaten und sprichwörtlichen Redensarten des frühen Volksschwanks bis in die Moderne erhalten, wie ein Beispiel aus Niebergalls „Datterich“ zeigt:[11]

> *Morgens. Datterichs Dachstube. Die Gerätschaften bestehen in einem zerbrochenen Spiegel, ditto Tisch, einem Stuhl und Bett. Datterich sitzt in einem zerrissenen Schlafrock vor dem leeren Tische und gähnt. Es schlägt neun Uhr.*
>
> Datterich: *Jawohl, die Morgenstunde hat Gold im Munde, absonnerlich, wann mer se vaschläft. In der Klaß bin ich gelernt worn: aurora musis amica, des haaßt uf Deitsch: Morjends schläft mer am beste. Ach, mei schenste Stunde wohrn in der Klaß die, wo ich geschwenzt hob! Do kimmt mer awwer immer gäje nein Uhr die Sonn grood uf mei Bett un stehrt mich in meiner Nachtruh, un wann die's net is, do sinn's annern Leit. (Nochmals gähnend.) Wie werd mer sich dann heit dorchschlage? (Es klopft an.) Aha, die Morjendvisite gehn schon widder oh. Herein!*

Auch ohne die situativen komischen Elemente, wie sie in der Regiebemerkung zum Ausdruck kommen, wirkt der Text allein komisch. Die kalauernde Replik auf das Sprichwort „Morgenstund hat Gold im Mund“, wie auch die den Sinn in das Gegenteil verkehrende Übersetzung des lateinischen „aurora musis amica“ (Die Morgenstunde ist die Freundin der Musen) sind bewährte Mittel verbaler Komik. Der komische Gegensatz, der darin besteht, daß Datterich sich noch um neun Uhr in seiner Nachtruhe gestört fühlt und die Un-

---

(8) R. Hess, Das profane Drama der Romania, in: Neues Handbuch d. Literaturwissenschaft, Bd. 8: Europäisches Mittelalter, ed. W. Erzgräber, Wiesbaden 1978, S. 695
(9) Ebda
(10) G. Baum, Der widerspruchsvolle Charakter und der historische und gesellschaftliche Inhalt des Komischen in der dramatischen Gestaltung, in: Dies.: Humor und Satire in der bürgerlichen Ästhetik, Berlin 1959.
(11) Ernst-Elias Niebergall „Datterich“, Wiesbaden 1958, Drittes Bild, erste Szene, S. 25 f.

angemessenheit des Ausdrucks „Morgenvisite“ sind komische Elemente, die von ihrer Struktur her zeitlos, wenn auch in ihrer stofflichen Ausprägung zeitbezogen sind. Dies gilt in besonderem Maße auch für die Gestalt des „Datterich“, der hier als Repräsentant einer sozialen Schicht apostrophiert wird, der mehr oder weniger vom Schuldenmachen lebt. Er bezeichnet sich als „Particulier“, was einen Mann meint, der ohne Anstellung oder Gewerbe allein von seinem Vermögen lebt, schon dies ist Hochstapelei, denn er besitzt keinerlei Vermögen, wie denn das ganze Stück von dem Widerspruch lebt, der sich aus der realen schmarotzerhaften Existenz und den hochtrabenden Reden des Datterich ergibt. Dabei borgt Niebergall komische Elemente und Motive aus der älteren Tradition bis hin zum „Maître Pathelin“, denn wie dieser springt Datterich ins Bett und stellt sich krank, als der Gläubiger an seiner Tür erscheint.
Heute wie vor Jahrhunderten garantiert dieser „gag“ das Gelächter des Publikums, aber was ist eigentlich komisch daran? Abgesehen von der Situationskomik, der aufgeregten Suche nach einem Ausweg und der „action“, wenn der Held des Drams sich ein Schnupftuch um den Kopf bindet, ins Bett springt („Datterich mit gebrochenen Augen auf dem Bett liegend“ heißt es in der Regieanweisung) und irre zu reden beginnt, ist es wohl die Tatsache, daß das Publikum mehr weiß als der hereintretende Gläubiger, die auf den Betrachter komisch wirkt. Und dann entwickelt sich ein Dialog, in dem beide, der Gläubiger Bengler und Datterich aneinander vorbeireden und letzterer den Eindringling anredet: „Ach lieb Großmudda – sinn Se widder do aus der Derkei (Türkei)?“[12]
Das Bestehen auf der Rolle des phantasierenden Kranken und der daraus resultierende komische Gegensatz zu den Worten des Gläubigers, der Datterich zunächst für betrunken hält, dann aber Angst bekommt, dieser sterbe bevor er ihm die Schulden zurückgezahlt habe, ist eine der großartigsten Szenen in der komischen Literatur. Und wo sonst, wenn nicht hier, wird die Bedeutung der Kant'schen Definition sinnfällig gemacht: „Es muß in allem, was ein lebhaftes erschütterndes Lachen erregen soll, etwas Widersinniges sein (woran also der Verstand an sich kein Wohlgefallen finden kann).“[13]
Die Inkongruenz der nur vor dem Hintergrund der Gesamtsituation „sinnvoll“ erscheinenden Aussagen des Dialogs, löst das Lachen aus; es ist die „Regelwidrigkeit“, das Mißverständnis, das das Komische, wie Friedrich Georg Jünger schreibt, von dem Schönen (als dem Regelmäßigen) trennt.[14]
Jüngers Ästhetik des Komischen sieht den Ursprung des Komischen im Konflikt, einen Ursprung, den es mit dem Tragischen gemeinsam hat. „Das Komische ergibt sich durch die Beziehung auf eine Regel, der es widerstreitend gegenübertritt. Niemand würde das Schiefe lächerlich finden, wenn er nicht einen Begriff vom geraden Wuchse hätte, an dem er es abmißt, niemand einen Irrtum komisch, wenn er nicht Einblick in den wahren Sachverhalt hätte.“[15]
Dieser Bezug auf eine ästhetische Norm, die sich mit der mittelalterlichen aus der Antike übernommenen Lehre von den Stilarten in dem Punkt trifft, wo sie das „Regelwidrige“ wertend dem Häßlichen gleichsetzt und die Inkongruenz der Verhältnisse zum „Konflikt“ ver-

(12) A. a. O., Drittes Bild, sechste Szene, S. 29 f.
(13) J. Kant, Kritik der Urteilskraft, 1790, S. 54
(14) F. G. Jünger, Über das Komische, Frankfurt, ^{3}1948, S. 11
(15) A. a. O., S. 14

schärft, zeigt die Grenzen dieses geistreichen Essays auf, der die individuelle und soziale Bedingtheit des Komischen, die Abhängigkeit der komischen Wirkung von kollektiven Werthaltungen und Lebensauffassungen nicht zu sehen vermag.
Es kommt ein weiteres hinzu. Fast alle Autoren, die sich von den verschiedensten Seiten dem Phänomen des Komischen zu nähern versuchten, sehen darin eine ästhetische Kategorie, das bedeutet, nur die bewußte, künstlerisch gestaltete Komik, in der Komödie etwa, ist ihr Betrachtungsgegenstand, nicht aber das im Alltag und in der Lebenswelt sich manifestierende Komische. Der „Ursprung des Komischen aus der Kunst“ (Souriau) wird a priori postuliert und erst in den Dreißiger Jahren wird von Christian Janentzky Komik als Leistung des Subjekts gesehen, das „über etwas“ lacht.[16] Es gibt nichts objektiv Komisches, sondern das Komische, um es mit anderen Worten zu sagen, wird erst komisch durch den Betrachter, der etwas komisch findet, nicht aber etwa durch den Schauspieler, der „komisch“ handelt. Janentzky betrachtet denn auch konsequenterweise „alles Komische, nicht nur das mit Bewußtsein künstlerisch Gestaltete, sondern auch das Komische, das im Verkehr von Mensch zu Mensch tagtäglich entsteht, (als) ein ästhetisches Phänomen.“[17]
Dieser theoretische Ansatz wird in der neueren Diskussion über das Komische wieder aufgenommen und in den Dichotomien des Lächerlichen und Komischen, Leben und Kunst, pragmatisches Verhalten und ästhetischer Einstellung, artikuliert.[18]
„Ästhetische Einstellung verlangt zu ihrer Erfüllung keinesfalls den Kunstgegenstand“, schreibt Karlheinz Stierle, „Sie ist eine elementare Weise des Erfassens, die das Wahrgenommene aus seinem Handlungskontext isoliert und so erst zum ästhetischen Objekt macht.“[19] Solcherart auf das Subjekt bezogen, möchte Stierle die Trennung zwischen dem Komischen der Komödie und dem der Lebenswelt aufgehoben sehen und hierin bestenfalls noch einen quantitativen Unterschied bzw. einen Unterschied in „der Komplexität des die Reaktion des Betrachters auslösenden Widerspruchs im Betrachteten“[20] sehen, indem er der Komik der Lebenswelt die Farce als ästhetische Entsprechung zuordnet, der die Komik der Komödie gegenübersteht. Dem können wir uns anschließen, ist doch damit die lebensweltliche Komik des Schwanks und verwandter volkstümlicher Gattungen einbezogen.

II. Grundstrukturen des Komischen

Die wissenschaftlichen Anstrengungen um eine theoretische Grundlegung des Komischen muten zuweilen selbst komisch an, wenn durchaus ernstzunehmende Theoretiker in ihren Abstraktionsbemühungen den Zusammenhang zwischen dem Komischen und dem Lachen zu leugnen bemüht sind und feststellen, das Lachen sei „für das Verständnis des Komischen völlig bedeutungslos“.[21]

---

(16) Ch. Janentzky, Über Tragik, Komik und Humor, in: Jb. des Freien Deutschen Hochstifts Frankfurt a. M. (1936/40), S. 3 ff.
(17) Zit. nach: O. Rommel, Die wissenschaftlichen Bemühungen um die Analyse des Komischen, in: Deutsche Vierteljahresschrift f. Literaturwissenschaft und Geistesgeschichte 21 (1943), S. 161–195; vgl. R. Grimm u. K. L. Berghahn (Hrsg.), Wesen und Formen des Komischen im Drama, Darmstadt 1975, S. 34
(18) H. R. Jauss, Zum Problem der Grenzziehung zwischen dem Lächerlichen und dem Komischen, in: Das Komische. W. Preisendanz und R. Warning (Hrsg.). München 1976, S. 361
(19) K. Stierle, Komik der Lebenswelt und Komik der Komödie, in: Das Komische, s. Anm. 18, S. 372
(20) Ebda
(21) Th. Lipps, zit. nach: O. Rommel, vgl. Anm. 17, S. 20

Helmut Plessner sieht dagegen in der Ausdrucksgebärde des Lachens die eigentliche Reaktion und sinngemäße Antwort auf das Komische.[22] Was immer an komischen Situationen, Worten und Charakteren sich vor dem Auge eines Betrachters entfaltet, fordert das Lachen als natürliche Reaktion heraus. Er weiß sich hier weitgehend einig mit Henri Bergsons Analyse des Komischen[23], der in seiner Untersuchung „über das durch Komik hervorgerufene Lachen"[24] die wichtigsten Kategorien des Komischen herauszuarbeiten versucht. Bergson beschreibt drei Verfahren des Komischen, die Repetition, die Inversion und die Interferenz der Reihen.

Wiederholbarkeit, Umkehrung und Doppelsinnigkeit (Verwechslung) sind in der Tat die hauptsächlichen Mittel, mit denen der Schwank arbeitet.[25]

Diese Kategorien beziehen sich nicht nur auf die verbale Komik sondern auch auf die Komik der Situation und Charakterkomik. Redensarten, Wiederholungen von Phrasen, sind ebenso Formen der Repetitionskomik wie die Wiederkehr von Situationen. Die Umkehr von Situationen, die Inversion, wird am klassischen Schema des betrogenen Betrügers deutlich, für das Bergson das nicht minder klassische Beispiel des „Maître Pathelin" zitiert.[26]

Komische Verwechslungen bilden den Kern vieler Komödien. Es handelt sich jeweils um eine Situation, „die einen doppelten Sinn hat, den einen nur möglichen, den sie in den Augen der handelnden Personen hat, den anderen wirklichen, den die Zuschauer kennen".[27] Die komische Situation gehört also gleichzeitig zwei Reihen von Ereignissen an und gewinnt dadurch ihren Doppelsinn.

Bergsons klarsichtige Analyse der Kategorien des Komischen reduziert die komische Handlung wie auch die verbale Komik auf drei Grundsituationen[28], die in der Komödie wie im Schwank und verwandten Formen immer wieder auftauchen. Diese Reduzierung auf klare Grundstrukturen, die so oder in Abwandlungen immer wieder vorkommen, macht den heuristischen Wert dieser Untersuchung aus. Dabei unterscheidet er klar – um es in einer anderen Terminologie zu sagen – zwischen dem dramatischen Schwank und dem epischen Schwank. „Man muß unterscheiden", schreibt er, „zwischen dem Komischen, dem die Sprache nur zum Ausdruck verhilft, und dem, das auf Eigentümlichkeiten der Sprache als solcher beruht".[29]

In der Anwendung auf die verbale Komik mißt er der Inversion am wenigsten Bedeutung bei, das mag in diesem Zusammenhang berechtigt sein. Bleiben wir jedoch beim Schwank und der „Lachkultur des Mittelalters" (Bachtin), dann läßt sich nicht übersehen, daß das Mittel der Inversion eine der wesentlichen komischen Techniken überhaupt darstellt. Die Umkehrung der Verhältnisse und damit die Neutralisierung des Bedrohlichen im Spott und in der Komik, die Verkehrung hierarchischer Strukturen in ihr Gegenteil und die damit verbundene parodistische Imitierung ehrfurchtgebietender Rituale war ein unbewußter Akt psychischer Hygiene, der im Mittelalter und in der frühen Neuzeit nicht nur legalisiert, sondern in bestimmten Zeiten und Festtagen geradezu institutionalisiert war.

(22) H. Plessner, Philosophische Anthropologie, Franfurt 1970, S. 88 f.
(23) H. Bergson, Das Lachen, Meisenheim 1948
(24) A. a. O., Vorwort
(25) A. a. O., S. 51
(26) A. a. O., S. 54
(27) A. a. O., S. 55
(28) Im weiteren Verlauf seiner Untersuchung wendet er, wie bereits angedeutet, diese Kategorien auf die verbale Komik an und führt als weitere Kategorie die „Transposition" ein, vgl. a. a. O., S. 68
(29) A. a. O., S. 58

Die parodistische Nachahmung absolutistischer Traditionen im Karneval als besondere Form der Inversion (die sich bekanntlich noch im rheinischen Karneval mit Uniformen, Orden und pseudomilitärischem Reglement nachweisen läßt) ist nur ein Beispiel dafür. Bereits im 10. Jahrhundert ist die Sitte des „Kinderbischofs" in den Klosterschulen belegt. Am Vorabend des 28. Dezember, am Fest der unschuldigen Kinder, mußte der Abt seinen Thronsessel räumen, und für 24 Stunden übernahm ein Schüler, in vollem Ornat mit Mitra und Stab und in Begleitung seiner Kapläne die Herrschaft. Die Umkehrung der hierarchischen Verhältnisse, wenn auch nur für einen Tag, bot komische Anreize genug, die freilich oft zu Auswüchsen führten. Trotz ständiger Beschwerden hielt sich diese Sitte bis ins 18. Jahrhundert, sie wurde sogar in spätere Kinderfeste integriert.[30] Dahinter steht, nach dem Prinzip der Inversion, das im Mittelalter allgegenwärtige Schema der „verkehrten Welt". In der sakralen Kunst wie in der imagerie populaire, in der Verkehrtheit des Narren und den parodistischen Umkehrungen der Fastnachtsbräuche, als Topos in der Literatur und Volksdichtung, bewirkt die Umkehrung des Vertrauten, des Normalen, des Sakralen in das Ungewöhnliche, Abnorme, Profane schlechthin Komik.
Eines der frühesten Beispiele für die durch das Mittel der Inversion bewirkte Komik ist der um 1050 erstmals in der Cambridger Liederhandschrift auftauchende lateinische Schwank vom „Schneekind" (modus Liebinc).[31] Ein Kaufmann aus dem Schwäbischen hält sich zwei Jahre lang in Geschäften in der Fremde auf. Seine untreue Frau gebiert einen Sohn; als er zurückkehrt und nach der Herkunft des Kindes fragt, erzählt sie ihm, sie sei eines Tages in den Alpen gewesen und habe aus Durst Schnee gegessen, wodurch sie schwanger geworden sei. Der Kaufmann zieht den Sohn auf. Nach fünf Jahren nimmt er ihn mit auf eine Seereise und verkauft ihn unterwegs. Zurückgekehrt erklärt er seiner Frau, sie seien in Seenot geraten und an eine heiße Küste geworfen worden, dort sei der Schneegeborene zu Wasser geworden. „Sein treuloses Weib führte so der Schwabe hinter das Licht. List besiegte so die List. Den der Schnee gebar, den zerschmolz mit Recht die Sonne", schließt der Schwank. Die komische Replik, die die untreue Gattin mit der logischen Konsequenz der eigenen Lüge konfrontiert, die Inversion nach dem Schema des betrogenen Betrügers, bildet auch hier die Pointe.

III. Fazetie und Volksschwank

Bis in das 13. und 14. Jahrhundert hinein herrschte die gereimte Schwankdichtung vor, der Schwank ist noch nicht zur Gebrauchsform geworden, die in leichter Münze gehandelt wird; dementsprechend hatte das „einfache Volk", der Mann von der Straße, kaum Zugang zu diesen literarischen, oft komplexen und artifiziellen Versdichtungen – zumal dann, wenn sie noch in der Umgangssprache der Gelehrten und Geistlichen, in Latein, abgefaßt waren. An den satirischen, Stände und gängige Normen verhöhnenden Dichtungen, in deren Mittelpunkt lasterhafte Geistliche und ehebrecherische Frauen, betrügerische Wirte und tölpelhafte Bauern standen, ergötzte sich eine feudale Oberschicht, das städtische Patriziat und nicht zuletzt die Geistlichkeit. Das setzt andererseits auch einen breiten Strom mündlicher Überlieferung voraus, der in den Autoren und Predigern mit der literarischen Tradition sich punktuell verbindend, parallel zu dieser verlief.

(30) Vgl. L. Petzoldt, Volkstümliche Feste, München 1983, S. 147
(31) Abdruck lat. u. dt. bei L. Petzoldt, Deutsche Schwänke, Stuttgart 1979, S. 6-11. Vgl. hierzu: V. Schupp, Der Dichter des „modus liebinc", in: Mittellateinisches Jahrbuch 5 (1968), S. 29-41

Wesentliche Anstöße zur Verfeinerung und Pointierung des literarischen Schwanks kommen aus Italien; hier hatte sich eine neue Form der knappen, pointierten Scherzrede gebildet, die einem witzigen Einfall Ausdruck gibt, die Facetie. Ihr Schöpfer und meisterlicher Beherrscher ist der italienische Humanist Gian Francesco Poggio Bracciolini (1380–1459), ein Geistlicher, der als päpstlicher Sekretär ausreichend Gelegenheit hatte, die Lästereien, ironischen Spitzfindigkeiten, feingeschliffenen Wortspiele und derben Doppelsinnigkeiten in der päpstlichen Kanzlei und in den Vorzimmern der Macht aufzunehmen und in geschliffener Formulierung für die Nachwelt herauszugeben. 1470 erschien seine Sammlung, das „Liber facetiarum", das über seinen Unterhaltungscharakter hinaus eine kulturgeschichtliche Quelle von hohem Rang ist, gibt es doch weithin Aufschluß über Sitten und Unsitten der Zeit, Lebensformen der verschiedenen Stände, vom Kleriker bis zum Bauern und Landsknecht. Nicht nur formal sondern auch inhaltlich wirken diese Fazetien auf die deutsche Schwankdichtung, wenn diese auch nicht das italienische Vorbild erreicht, aber man wertete sie aus und übernahm das, was sich deutschen Verhältnissen anpassen ließ. Der Konstanzer Augustin Tünger[32] (geb. 1455) ist der erste, der den Versuch wagt, die schwankhaften Geschichten seiner engeren und weiteren Heimat, der Gegend um den Bodensee und den Rhein hinab bis Speyer und Frankfurt, in das Gewand der neuen Gattung zu kleiden. Damit vermittelt er ein realistisches Bild der zu seiner Zeit umlaufenden volkstümlichen Schwänke „ettlich cluoger geschichten, ze latin genant facecien, so ich von miner kinthait erlernt und in gedechtnüß behalten hab", die jedoch in ihrer sprachlichen und stilistischen Form nicht an Poggio heranreichen. Tünger war Prokurator der Kurie zu Konstanz und hatte die Fazetien für seinen Landesherrn, Graf Eberhard von Württemberg geschrieben. Für diesen übertrug er auch die, zunächst lateinisch verfaßten 54 Fazetien in den schwäbisch-alemannischen Dialekt. Sein Werk wurde jedoch zu seinen Lebzeiten nicht gedruckt, es muß aber wohl durch Abschriften verbreitet worden sein, denn sein bekannterer Zeitgenosse, der Bauernsohn und Professor in Tübingen, Heinrich Bebel (1472–1518) benutzte das Manuskript für seine drei Bücher Fazetien.[33] Bebel beherrschte den kreativen, heiteren Witz, der den italienischen Fazetiensammlungen eignet, in hervorragender Weise; zählte er doch zu den angesehensten Humanisten seiner Zeit. Auf der Schwäbischen Alb geboren, studierte er nach dem Besuch der Stadtschule in Schelklingen an der Krakauer Universität (1492) und ging dann nach Basel, wo er 1495 Schüler des berühmten Verfassers des „Narrenschiffs", Sebastian Brant war und dessen Vorlesungen über Poesie hörte. In Tübingen erhielt er ein Jahr später eine Professur für Rhetorik und Poesie, die er bis zu seinem Tod innehatte. Seine drei Bände Fazetien, von denen die beiden ersten „Libri facetiarum iucundissimi: atque fabulae admodum ridenda" (d. h. Bücher der scherzhaftesten Fazetien: und durchaus belachenswerte Fabeln") 1508 erschienen (das dritte Buch mit 183 Stücken erschien 1512), vereinten schwankhafte Erzählungen, die er auf seinen Reisen und Wanderungen durch Schwaben aufgezeichnet hatte.

Als gelehrter Humanist waren ihm nicht nur die einschlägigen Werke seiner Zeitgenossen vertraut, sondern er kannte auch die Fazetien Poggios, deren Vorbild er durchaus erreichte. Um diese im Volk umgehenden Schwänke, denen er auch der Literatur entnommene Stük-

(32) Augustin Tünger: Facetiae (1484). A. Keller (Hrsg.).Tübingen 1874. Beispiele aus diesem und den folgenden Autoren auch bei Petzoldt, vgl. Anm. 31

(33) Heinrich Bebels Schwänke (1508–12). A. Wesselski (Hrsg.). München/Leipzig 1907

ke zugefügt hatte, seinen wissenschaftlichen Kollegen und Überhaupt den Gebildeten seiner Zeit zugänglich zu machen, übersetzte er sie ins Lateinische. Erst 1558, nach seinem Tod, erschienen „Die Geschwenk Henrici Bebelij . . ." in deutscher Sprache. In Bebels Schwänken spiegelt sich das Leben seiner Zeit in einer ungemein drastischen und freimütigen Art. Die Schwächen der einzelnen Stände, der eingebildete Doktor, der habsüchtige Mönch, anmaßende und raubgierige Ritter, aber auch Standardthemen wie die mannstolle Ehefrau, der buhlerische Pfaffe und der tölpelhafte Bauer, werden durch Bebel nicht ohne Ironie, die bis zum Sarkasmus gehen kann und mit viel schwäbischem Originalton und Kolorit dargestellt. Ortsneckereien seiner schwäbischen Heimat verdankt auch das Dorf Mundingen, eine Partnerstadt Abderas und Schildas seine Berühmtheit. Bebel erzählt – als erster in der deutschen Schwankliteratur – die Torheiten der Bewohner dieses schwäbischen Laleburg.

IV. Individualismus, Humanismus und gesellschaftliche Realität

Die Hochblüte des Schwanks im 16. Jahrhundert ist nicht denkbar ohne die neue Lebensauffassung der italienischen Renaissance mit ihrer Wendung vom jenseitsorientierten scholastischen Denken zu einem diesseitsgewandten, den Menschen bejahenden Lebensgefühl deren Vorbild die „heidnische" Antike ist. Diesem neuen Lebensgefühl entsprach eine von der Vormundschaft der Kirche sich befreiende Wissenschaft, die anders als in Italien, wo diese kulturellen Wandlungen sich innerhalb einer aristokratischen Gesellschaft abspielten, in Deutschland eine neue, von der sozialen Herkunft unabhängige Gelehrtenschicht hervorbrachte. Vor dem Hintergrund dieser geistigen und kulturellen Veränderungen ist ein Erstarken der subjektiven Elemente in der Dichtung, eng verbunden mit einer neuen Eigenwertigkeit des „Volkstümlichen", zu beobachten. Satire und Schwankdichtung profitieren davon in erster Linie. Die Beweggründe dieser Entwicklung sind jedoch in den tiefgreifenden sozialen Umwälzungen des spätmittelalterlichen Gesellschaftsaufbaus zu suchen, in der Ablösung der Naturalwirtschaft durch die Geldwirtschaft und dem damit verbundenen Aufstieg des Bürgertums und seinem „individualistischen Wirtschaftsgeist" (Arnold Hauser) zur neuen Herrschaftsklasse, die den Feudaladel zurückdrängt. Dieses Bürgertum wird der neue Kulturträger und sein waches psychologisches Bewußtsein, sein realistischer Sinn, verdrängt die letzten Reste des sublimen Idealismus der höfischen Dichtung. Die schon in der spätmittelalterlichen Kunst einsetzende Wendung vom Symbol zur Wirklichkeit gibt ebenso wie die von Jacob Burckhardt als Zeichen renaissancehafter Geistigkeit beschriebene „Entdeckung der Welt und des Menschen" den Weg frei für eine neue Bewertung der Dinge. Der Mensch, nun nicht mehr Objekt im Heilsplan Gottes, sondern sozusagen im naturwissenschaftlichen Sinne unabhängiges Lebewesen und autonomes Individuum, versucht, sein Schicksal aktiv zu gestalten.

Geburt und Stand sind nun weniger wichtige Privilegien als Vermögen und Wohlstand: die meisten gelehrten Humanisten sind bürgerlichen Standes und gewinnen ihre ökonomische und soziale Sicherheit aus der Unabhängigkeit, die Besitz und Bildung verleihen. Der weltoffene humanistische Gelehrte, der die hergebrachten Autoritäten nicht unbefragt gelten läßt und seine individuelle Überzeugung über den universalen Anspruch der Scholastik stellt, wird zur dominierenden Persönlichkeit.

Mittelpunkt dieser neuen intellektualistischen und damit weitgehend von irrationalen Hemmungen freien Geistigkeit waren die durch Gewerbe und Handel erstarkten Städte.

Neue Produktionsmethoden und die damit verbundene auf Versachlichung der Arbeitsverhältnisse beruhende Neueinschätzung der Arbeit, die freie Verfügbarkeit des Geldes und der sich in ungemessene Weite öffnende Weltmarkt bewirkten ein neues Selbstverständnis des Bürgertums, das dem ökonomisch rückständigen Adel nun selbstbewußt gegenübertrat. Die neue diesseits gerichtete Intelligenz und der neue „Geldadel" sind jedoch beide der gleichen bürgerlichen Herkunft, und ihre Interessen verbinden sich zunächst. Mit der Weitung des geographischen Horizonts ist auch die Erweiterung des sozialen und geistigen Horizonts verbunden, der zu unkonventionellen Lösungen der Probleme befähigt, und der ethische und moralische Tabus – wenn nicht bricht – so doch vorsichtig zur Disposition stellt. Die Idee der autonomen Persönlichkeit und ihrer Individualität ist eine der beherrschenden Ideen des Humanismus; die Hinwendung zur Natur – Petrarca besteigt den Mont Ventoux – eine antiasketische Einstellung, ein neuer „Paganismus" stehen damit in direktem Zusammenhang. Der Mensch wird zum vornehmsten Beobachtungsobjekt des Menschen. Die jetzt entstehende, frühkapitalistischen Prinzipien verpflichtete Stadtkultur mit ihrem Zwang zur Rationalität, ihrer Dynamik und ihren ständig wechselnden Einflüssen fordert zu psychologischer Beobachtung und Einfühlung heraus: „Die Konzentration der vielen verschiedenen Menschen in einer Stadt, der Reichtum und der häufige Wechsel der Typen, denen man da täglich begegnet, schärft an und für sich das Auge für charaktermäßige Eigentümlichkeiten, der eigentliche Antrieb zur psychologischen Beobachtung aber stammt daher, daß die Menschenkenntnis, die richtige psychologische Einschätzung des Geschäftspartners zum wichtigsten geistigen Requisit des Kaufmanns gehört".[34] Psychologische Beobachtung verbindet sich mit jahrhundertelang geübtem Denken in Kategorien und nach Typenlehren. Alles dies fließt in die neue Gattung der „Facetie" ein. Sie entsteht nicht zufällig im Italien der Renaissance, und das intellektuelle Vergnügen am geschliffenen Witz drückt sich nicht zufällig im Neulatein der Humanisten aus. Zwar propagiert diese aus dem Bürgertum erwachsene neue Schicht „die demokratisch nivellierende Ideologie der ‚humanitas'"[35], doch nur um zunächst ständische Privilegien abzubauen. Gegenüber dem Besitzbürgertum wie dem Feudaladel und nicht zuletzt gegenüber der breiten Masse des Volkes entwickelt sie neue Distanzierungen. Im Besitz des zeitgemäßen Bildungswissens wird der Begriff der „virtus" zum geistigen Adelsprädikat des humanistischen Gebildeten und wirkt als nicht minder effizientes Ausleseprinzip.[36]

Die Hinwendung der Humanisten zur „Volkstümlichkeit", zur „Volkssprache", die Wahrnehmung des kleinen Mannes überhaupt, ist zweifellos einer vorurteilslosen „bürgerlichen" Wissenschaft zu verdanken; doch zugleich werden neue Schranken aufgebaut, die nach wie vor auf dem die unteren Schichten ausschließenden Gebrauch der Gelehrtensprache Latein sowie auf der Entwicklung neuer Bildungsideale und Verhaltensformen beruht. Die satirische Bloßstellung des plumpen, naiven Bauern, der ehebrecherischen Frau, des habgierigen Kaufmanns und geizigen Bürgers im Schwank ist zweifellos mehr aus der Sicht des die „misera plebs" verachtenden, geistige gegen materielle Werte setzenden Literaten zu erklären als aus der bloßen Freude an der Schilderung skurriler Typen. Auch das häufig deutlich bemerkbare antifeudale Ressentiment erklärt sich aus einer Form des Konkur-

(34) A. Hauser, Sozialgeschichte der Kunst und Literatur, München 1975, S. 276
(35) A. von Martin, Soziologie der Renaissance, München ³1974, S. 56
(36) Ebda, S. 62 f.

renzkampfes, der sein humanistisches Ideal des höheren Menschen gegen ein ererbtes Adelsprädikat setzt. Auch die Verhöhnung des niederen Klerus, der geilen Dorfpfaffen und terminierenden Bettelmönche ist weniger der protestantischen Herkunft vieler humanistischer Autoren als ihrer Verachtung für deren Unbildung und anmaßende Ignoranz zuzuschreiben.

Hier stellt sich zugleich die Frage nach der Widerspiegelung der gesellschaftlichen Realität im Schwank. Frühere Untersuchungen zum Prosaschwank beantworten diese Frage meist positiv. Literaturhistoriker sprechen von der „Realistik des Spätmittelalters“ und haben dabei vor allem die Abwendung von der hochstilisierten höfischen Dichtung und Hinwendung zu „niederen“ Stoffen im Auge. Zwar entsprechen Gestalten, Episoden und Situationen der Schwänke der jeweiligen gesellschaftlichen Wirklichkeit, doch geben sie weder ein getreues Abbild dieser Wirklichkeit noch sind sie Dichtung einer bestimmten Schicht, etwa des Bürgertums: „Man unterliegt doch wohl einer perspektivischen Täuschung, wenn man den niederen Lebensbereich, sagen wir der Marktplätze, der Bauernhäuser und Schlafkammern, für „wirklicher“ hält als den der Turnierbahnen, Ritterburgen und Frauenkemenaten“, schreibt Hanns Fischer, und er fährt fort: „Große und kleine Welt sind grundsätzlich gleich real, und auch die im Schwank bisweilen auftretende veristische Drastik der Darstellung ist im Grunde nichts anderes als ein negatives Gegenstück zu der idealisierenden Schönfärberei des höfischen Romans: wie hier Stilisierung nach oben, so dort Stilisierung nach unten. Beide führen sie gleichermaßen von der Realität ab, und wie niemand den höfischen Roman für ein getreues Spiegelbild des mittelalterlichen Lebens hält, so muß man sich auch davor hüten zu glauben, so wie das die Schwänke schildern, sei es ‚wirklich‘ gewesen“.[37] Die „Wirklichkeit“ des Schwankes ist literarischer Art; seine Stoffe sind zeittypisch wie seine Gestalten typisch sind, aber sie vermitteln keine Realität. So wie im Schwank Wandermotive aktualisiert und damit jeweiliger Wirklichkeit angepaßt werden können ohne diese selbst abzubilden, bleibt sein Realitätsanspruch auf das Stoffliche beschränkt. „Wo wir ‚Realismus‘ zu sehen glauben, liegt eine literarische Konvention vor: der ‚niedere‘ Stil.“[38]

Von der Intention ihrer Autoren her sind die Schwankbücher primär „Sammlungen“ witziger Erzählungen über soziale Typen und gesellschaftliche Situationen komischen Zuschnitts, die zur Unterhaltung eines breiten Publikums bestimmt sind und deren Unterhaltungszweck jeder anderen Tendenz widerspricht. Ihre Komik ist derb, drastisch und der Situation verpflichtet; die verbale Komik tritt hinter der situativen zurück. Das, was als komisch empfunden wird, ist nicht nur im bezug auf die geistig-kulturelle Gesamtentwicklung der jeweiligen Epoche zu sehen sondern hängt auch vom Reflexionsvermögen des Einzelnen ab, der wiederum durch die Werthaltungen seines Standes, seiner sozialen Gruppe geprägt ist.

---

(37) H. Fischer (Hrsg.), Die schönsten Schwankerzählungen des deutschen Mittelalters, München ^{2}1968, S. 329
(38) E. R. Curtius, vgl. Anm. 2, S. 390

Diese neue Zeitschrift wird der Bedeutung des Hauptfaches Mathematik gerecht.

Für alle Lehrer. Für alle Schulstufen.

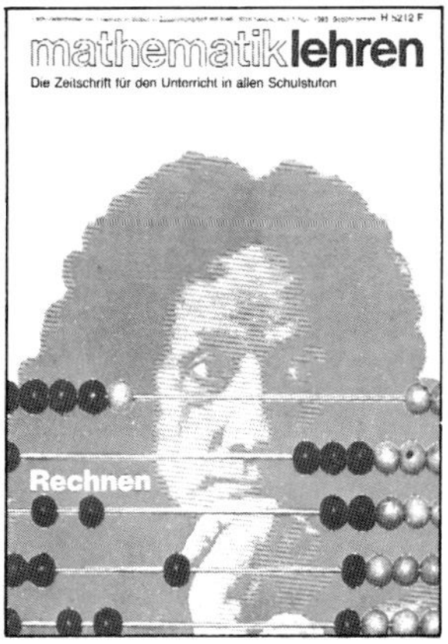

Wie jeder Unterricht, so lebt auch der Mathematikunterricht davon, daß der Lehrer bewährte Konzepte immer wieder neu durchdenkt, frische Ideen einbringt und vor allem aktuelle Bezüge zur heutigen Welt herstellt. Anregungen hierzu gibt es in der mathematikdidaktischen Literatur genug. Diese Literatur ist aber für den einzelnen Lehrer nur schwer zu übersehen und sie überbrückt vielfach nicht die Kluft zwischen Theorie und Schulpraxis.

An dieser Stelle setzt die neue Zeitschrift **„mathematik lehren“** an. Sie versteht sich als Medium der Information, der Anregung und des Erfahrungsaustausches. **„mathematik lehren“** folgt dem bewährten journalistischen Konzept der anderen Zeitschriften des Friedrich Verlages.

Jedes Heft behandelt ein bestimmtes Thema und wird in enger Zusammenarbeit von Didaktikern und Praktikern gestaltet. Das jeweilige Thema wird durch einen Basisartikel didaktisch erschlossen und durch eine Reihe von ausgearbeiteten Unterrichtsbeispielen von der Primarstufe bis zur Sekundarstufe II schulpraktisch konkretisiert. Ein Magazin mit Arbeitsblättern, Anschauungsmitteln und einem Leserforum rundet jedes Heft ab.
Die Berücksichtigung sämtlicher Schulstufen und Schulformen stellt im Fach Mathematik eine besondere Herausforderung dar. Für den Mathematikunterricht insgesamt ist es aber notwendig, das er als stufenübergreifende Einheit gesehen wird, und jeder Lehrer sollte im Interesse seiner Schüler auch Entwicklungen in benachbarten Stufen verfolgen und mitbedenken.

Als älteste Wissenschaft hat die Mathematik die menschliche Zivilisation von den frühen Hochkulturen bis heute wesentlich mitgestaltet. Die kulturelle Reichhaltigkeit der Mathematik in einem schülerorientierten, umwelterschließenden Mathematikunterricht zur Entfaltung zu bringen – und damit auch die Freude von Lehrern und Schülern am Unterricht zu erhöhen: in diese Richtung möchte **„mathematik lehren“** wirken.

Aus dem Inhalt

Primarstufe
Von Situationen und Denkstrategien zum 1 x 1 lernen
von Hans ter Heege

Sekundarstufe I
Näherungskalkulationen aus dem Alltag
von Heinrich Winter
Bewältigung großer Zahlen
von Heino Langen und Jürgen Ricke
Keine Angst vor großen Zahlen
Schülerarbeitsheft von Heino Langen und Jürgen Ricke

Sekundarstufe II
Warum hat die Tonleiter zwölf Töne?
von Hans Freudenthal
Vom Rechnen zum mathematischen Begriff –
von Rüdeger Baumann

Vorschau

Üben Spiegel Fliegen
Mathematik und Sport

Fordern Sie ein kostenloses Probeheft an.

Besteilkarte rechte Seite.

Wir machen pädagogische Zeitschriften

arbeiten + lernen
Die Zeitschrift für Arbeit, Beruf, Wirtschaft und Technik in der Unterrichtspraxis erscheint zweimonatlich, jährlich 1 Jahresheft.
Abo-Preis DM 71,– incl. Jahresheft.

Unterricht Biologie
Die Zeitschrift für moderne Natur- und Umwelterziehung erscheint monatlich einschließlich 1 Jahresheft.
Abo-Preis halbjährlich DM 42,90.

geographie heute
Themen, Modelle, Materialien für die Unterrichtspraxis aller Schulstufen erscheint zweimonatlich, jährlich 1 Jahresheft.
Abo-Preis DM 71,– incl. Jahresheft.

sportpädagogik
Die Zeitschrift für Sport, Spiel und Bewegungserziehung erscheint zweimonatlich, jährlich 1 Jahresheft.
Abo-Preis DM 70,70 incl. Jahresheft

Kunst + Unterricht
Die Zeitschrift für alle Bereiche der ästhetischen Erziehung erscheint zweimonatlich, jährlich 1 Jahresheft.
Abo-Preis DM 71,30 incl. Jahresheft.

zusammen:
Die Zeitschrift für Menschen mit geistiger Behinderung und ihre Mitmenschen erscheint monatlich.
Abo-Preis halbjährlich DM 28,20.

Praxis Deutsch
Die größte Zeitschrift für den Deutschunterricht erscheint zweimonatlich, jährlich 1 Jahresheft.
Abo-Preis DM 66,20 incl. Jahresheft.

Frieden
Das gemeinsame Jahresheft aller Zeitschriften des Friedrich Verlages.
Einzelpreis DM 24,–.

Ich bestelle hiermit

☐ ein reguläres Abonnement

☐ ein Studentenabonnement
Die ersten 3 bzw. 6 Hefte des ersten Bezugsjahres (6 Hefte bei "Unterricht Biologie" und „zusammen:", 3 Hefte bei allen übrigen Friedrich-Zeitschriften) werden bei der Eröffnungsrechnung nicht berücksichtigt. Eine Immatrikulationsbescheinigung liegt bei.

☐ ein Probeabonnement
Ich erhalte zwei Ausgaben der Zeitschrift kostenlos und unverbindlich zum Kennenlernen. Mit dem dritten Heft erhalte ich eine Ansichtsrechnung, die ich zurückschicken kann. Wenn ich jedoch nichts von mir hören lasse, bin ich mit einem anschließenden Abonnement einverstanden.
der nebenstehend angekreuzten Zeitschrift(en)

☐ Bitte schicken Sie mir _____ Expl. des Jahresheftes **FRIEDEN – Anregungen für den Ernstfall** zum Preis von DM 24,–, zuzügl. Versandkosten.

☐ Alle bisher erschienenen Unterrichtseinheiten und -materialien sind im **Friedrich Katalog für die Unterrichtspraxis** aufgeführt.
Ich bestelle hiermit _____ Exemplare dieses Kataloges gegen eine Schutzgebühr von DM 5,–, die mir bei Bestellungen erstattet wird.

☐ **Praxis Deutsch**
Die größte Zeitschrift für den Deutschunterricht erscheint zweimonatlich, jährlich 1 Jahresheft.
Abo-Preis DM 66,20 incl. Jahresheft zuzüglich Versandkosten.

☐ **Kunst + Unterricht**
Die Zeitschrift für alle Bereiche der ästhetischen Erziehung erscheint zweimonatlich, jährlich 1 Jahresheft.
Abo-Preis DM 71,30 incl. Jahresheft zuzüglich Versandkosten.

☐ **Unterricht Biologie**
Die Zeitschrift für moderne Natur- und Umwelterziehung erscheint monatlich einschließlich 1 Jahresheft.
Abo-Preis halbjährlich DM 42,90 zuzüglich Versandkosten.

☐ **sportpädagogik**
Die Zeitschrift für Sport, Spiel und Bewegungserziehung erscheint zweimonatlich, jährlich 1 Jahresheft.
Abo-Preis DM 70,70 incl. Jahresheft zuzüglich Versandkosten.

☐ **geographie heute**
Themen, Modelle, Materialien für die Unterrichtspraxis aller Schulstufen erscheint zweimonatlich, jährlich 1 Jahresheft.
Abo-Preis DM 71,– incl. Jahresheft zuzüglich Versandkosten.

☐ **arbeiten + lernen**
Die Zeitschrift für Arbeit, Beruf, Wirtschaft und Technik in der Unterrichtspraxis erscheint zweimonatlich, jährlich 1 Jahresheft.
Abo-Preis DM 71,– incl. Jahresheft zuzüglich Versandkosten.

☐ **zusammen:**
Die Zeitschrift für Menschen mit geistiger Behinderung und ihre Mitmenschen erscheint monatlich.
Abo-Preis halbjährlich DM 28,20 zuzüglich Versandkosten.

Name _____ Vorname _____

Straße _____ Nr. _____

PLZ _____ Ort _____

Unterschrift _____

MX

In diesem Katalog sind ca. 2.000 Unterrichtseinheiten (z.T. mit zugehörigen Materialien) nach **Schulstufen** und **Lernbereichen** im jeweiligen **Fach** systematisiert.
Ein unentbehrlicher Helfer für den Schulalltag.
Bestellen Sie ihn mit.
für den Schulalltag.
Bestellen Sie ihn mit.

MEDIEN KATALOG PZ

Menge	Bestellnummer	Kurztitel	Einzelpreis
		Katalog	5,–
	930178	DU-Kassette	9,60

mathematik lehren
Die neue Zeitschrift des Friedrich Verlages für den Mathematikunterricht erscheint zweimonatlich, jährlich 1 Jahresheft.
Abo-Preis DM 70,70 incl. Jahresheft zuzüglich Versandkosten.

Hiermit bestelle ich

☐ **ein reguläres Abonnement** „mathematik lehren" (6 Hefte zu je DM 8,95 und ein Jahresheft zu DM 17,– zuzüglich Versandkosten gegenüber DM 12,50 im Einzelverkauf).

☐ **ein Studentenabonnement** „mathematik lehren" (die ersten 3 Hefte des ersten Bezugsjahres werden bei der Eröffnungsrechnung entsprechend nicht berücksichtigt). Eine Immatrikulationsbescheinigung liegt bei.

☐ **ein Probeabonnement** „mathematik lehren" (2 Ausgaben kostenlos und unverbindlich zum Kennenlernen. Mit dem dritten Heft erhalte ich eine Ansichtsrechnung, die ich zurückschicken kann. Wenn ich jedoch nichts von mir hören lasse, bin ich mit einem anschließenden Abonnement einverstanden.

☐ Bitte schicken Sie mir kostenlos und unverbindlich die **erste Ausgabe** von „mathematik lehren".

Die Mindestbestelldauer des Abonnements beträgt 1 Jahr. Es läuft weiter, wenn es nicht 6 Wochen vor Jahresende gekündigt wird.

Name Vorname

Straße Nr.

MH

PLZ Ort

Unterschrift

60 Pf.

Friedrich Verlag
Vertrieb
Im Brande 15

D-3016 Seelze-Velber

Liefern Sie die umseitige Bestellung (zuzüglich Versandkosten) bitte an:

Name Vorname

Straße

PLZ Ort

MP

Unterschrift

Bestellungen für Arbeitshefte, oder ähnliches, im Klassensatz (ab 5 Exemplare) enthalten ein Lehrer-Freiexemplar.
Wir bitten um Ihr Verständnis, wenn die Auslieferung einiger Artikel ein wenig Zeit in Anspruch nehmen kann. Eventuelle Dringlichkeit vermerken Sie bitte auf der Bestellung.

60 Pf.

Pädagogika Zentrale
Im Brande 15

3016 Seelze 6

Hans Magnus Enzensberger nach Molière

Der Menschenfeind (Auszug)

ORONTE *Räuspern*

Überschrift: „Die Hoffnung". – Dieser Text
ist einer Frau gewidmet. Doch zunächst
entwickle ich den geistigen Hintergrund
der Krise. Na, Sie wissen schon: den Schwund
der Werte, und so fort.

ALCESTE

Ich bin gespannt.

ORONTE

„Die Hoffnung." – Nein, das „Die" ist zu riskant.
Wie wärs mit „Hoffnung"? Einfach: „Hoffnung"? Ja,
so klingt es besser. – Schluß mit dem Blabla,
hier ist mein Text!

ALCESTE

Ich bin gespannt.

ORONTE

Ein Profi bin ich nicht. Das ist bekannt.
Ich schrieb den Text als Telex, im Büro,
in zehn Minuten nieder, einfach so.

ALCESTE

Das alles ist nicht weiter relevant.
Nun, worauf warten Sie? Ich bin gespannt.

ORONTE

Hoffnung

Unter alten Autoreifen
und rosa Plastikbechern,
unter den zertrümmerten Hoffnungen
meiner Generation
suche ich Dich.

ALCESTE *zu Philinte*

Der reine Schwachsinn. Weißt du, was das soll?

PHILINTE *zu Oronte*

Rasanter Anfang! Sehr beachtlich! Toll!

ORONTE

In der Badewanne
sehnt sich mein Schwanz,
eine violette Blume,
so unendlich privat,
nach seiner Vergrößerung.

PHILINTE

Das ist gekonnt, und überaus sensibel.

ALCESTE

Was sagst du, feiger Hund? Mir wird speiübel.

ORONTE

Wie Humphrey Bogart
in einem alten Film
steh ich vor der Tür.
Meine letzte Chance.
Wenn nur deine Klingel
nicht kaputt ist!

PHILINTE

Der Schluß mit Humphrey Bogart – wirklich stark!

ALCESTE

Von A bis Z ein ausgesprochner Quark,
so ordinär, daß es zum Himmel stinkt.

PHILINTE

Ich sag es Ihnen völlig ungeschminkt:

ALCESTE

Verlognes Aas!

PHILINTE

Ein großer Text! Chapeau!

ORONTE

Sie meinen es zu gut mit mir.

PHILINTE

Ach wo.

Mein voller Ernst!

ORONTE

Nun, ich bedanke mich.
Sie sagen nichts, Alceste? Sie sollten sich
zu einem klaren offnen Wort bequemen.
Nur keine Sorge! Ich bin hart im Nehmen.

ALCESTE

In diesem Punkt sind die Autoren kindlich:
sie reagieren auf Kritik empfindlich.
Und äußert man sich ehrlich und spontan,
zerbricht man immer nur viel Porzellan.
Mir zeigte erst vor kurzem mein Verleger –
er ist sehr eitel, wenn auch sonst integer –
ein etwas sonderbares Manuskript.
Ich sah sofort: Das hat er selbst getippt.
Ich habe mich geweigert, es zu lesen.
Ich sagte: „Lyrik schreibt man nicht auf Spesen.
Was? Bei dem Reingewinn, den Sie erzielen,
da wollen Sie auch noch den Dichter spielen?"

ORONTE

Was soll das heißen? Bin ich angeklagt,
nur weil mein Job . . .

ALCESTE

Das hab ich nicht gesagt
„Und außerdem, in Ihrer Position –
ich frage mich, was haben Sie davon?
Die ganze Branche würde drüber kichern,
das kann ich Ihnen heute schon versichern.
Wenn Sie ein Dichter sind, bin ich ein Neger."
Das alles sagte ich dem Herrn Verleger.

ORONTE

Ich soll das wohl auf mein Gedicht beziehn?

ALCESTE

Das hab ich nicht gesagt. Ich habe ihn,
nicht Sie, davor gewarnt, Intimitäten
aus seinem Seelenleben breitzutreten.
Ich finde sowas einfach widerlich.

ORONTE

Sie kritisieren ihn und meinen mich!

ALCESTE

Das hab ich nicht gesagt. Es ist und bleibt
Schamott, was mein Verleger schreibt.
„Ich finde Ihre Lyrik unwahrscheinlich
geschmacklos, dilettantenhaft und peinlich.
Es sagt nur keiner, aber alle wissen es:
Sie schaden sich und schaden Ihrem Business,
wenn Sie so töricht sind und diese krassen
Elaborate auch noch drucken lassen."
Der Mann war über meinen Rat empört,
doch mit dem Dichten hat er aufgehört.

ORONTE

Das Beispiel ist mir völlig unverständlich.
Sie weichen aus! Jetzt sagen Sie mir endlich,
was Sie von meiner Arbeit halten!

ALCESTE

Nichts!

Aus jeder Zeile des unsäglichen Gedichts,
das Sie verbrochen haben, dringt ein Mief,
derart verschwitzt, und dumpf, und intensiv,
nach Subkultur und alten Unterhosen,
daß man Sie Ihren Humphrey-Bogart-Posen
und Ihrem Badewasser überläßt,
und Sie von Stund an meidet wie die Pest.
Das ist die einzige „Hoffnung", die noch bleibt,
wenn einer so verlogene Sachen schreibt.
Moment! Noch eins. Damit Sie ja nicht denken,
ich wollte Sie, Oronte, persönlich kränken.
Im Gegenteil, was Sie und Ihresgleichen
so schamlos in die Schreibmaschine laichen,
gilt heute allgemein als Poesie.

Insel Verlag Frankfurt am Main 1979 (= it 401)

Jörn Stückrath / Albrecht Stoll

Der widerspenstige Proteus oder das Komische in der Komödie

Dargestellt an Textbeispielen von Aristophanes, Plautus und Dario Fo

Die Deutschdidaktiker sind sich einig, daß die Lektüre von Komödien im Unterricht sinnvoll und wünschenswert sei. Freilich verweisen sie auch darauf, daß das Komische ein widerspenstiges Phänomen ist und sich nur schwer auf den Begriff bringen läßt.[1] Walter Hinck bestätigt diese Skepsis in einem 1977 veröffentlichten Essay und versucht, sie positiv zu wenden.

> *„Alle Definitionsversuche zum Komischen und zur Komödie bieten, unter verschiedener philosophisch-theoretischer Perspektive, nur Teilansichten. Und alle Bestimmungen sind letztlich nur schlüssig in dem System des Denkens, aus dem sie hervorgehen. Die Summe der so gewonnenen Ansichten ergibt noch nicht das Ganze. Die Historizität von Komik und Komödie und die Begrenztheit, das geschichtlich Vermittelte unserer Erkenntnis verbieten überhaupt dogmatische Festschreibungen. Gerade der Zukunftsaspekt, der Entwurf-Charakter der Komödie verlangt es, die Vorstellungen von dem, was sie sein soll, offen zu halten."*[2]

Die mangelnde Bändigung des Komischen kann den Deutschlehrer statt ihn zu beunruhigen also auch entlasten. Wenn es nicht gelungen ist, das Komische zu fassen, dann ist der Schulklasse ein Freiraum für eigene Beobachtungen und Definitionen eröffnet. Freilich bekommt der Lehrer allzu bald die Nachteile dieser offenen Situation zu spüren. Die Schüler empfinden die Frage, worüber sie bei der Lektüre oder dem szenischen Spiel einer Komödie lachen, zunächst als Herausforderung, weil sie gewohnt sind, das Komische als etwas ganz Selbstverständliches anzusehen. Alsbald aber erscheint ihnen das Reich des Komischen als ein Irrgarten, aus dem kein Faden helfend herausführt. Es ist dann nur eine Frage der Zeit, bis ein Schüler äußern wird: „Alles und jedes kann offenbar komisch wirken" und ein anderer mit wahrhaft philosophischer Miene hinzufügt: „Es ist eben alles subjektiv".[3] Wenn dies das Ergebnis der analytischen Bemühung um das Komische ist, beschleicht den Deutschlehrer zu Recht das Gefühl, sein Ziel „irgendwie" verfehlt zu haben.

Ziel unserer Ausführungen ist es, Bausteine zu einem Beschreibungsmodell zusammenzutragen, um die Komplexität komischer Einzelphänomene in der Komödie genauer zu erfassen und einen ersten Einblick in den Umfang, die Einheit und Struktur des Komischen in der Komödie zu gewinnen.

---

(1) Vgl. Theo Vater, Das Komische und der Humor. Ein Versuch, ihre Wesenszüge an literarischen Kleinformen zu erarbeiten. In: Der Deutschunterricht (1962), H. 5, S. 65 ff.

(2) Walter Hinck (Hrsg.), Die Deutsche Komödie. Vom Mittelalter bis zur Gegenwart. Düsseldorf 1977, S. 30 f.

(3) Diese Unterrichtserfahrung löste den hier vorliegenden analytischen Versuch aus.

I Materialien

Das Komische in der Komödie ist auf sinnliche Vergegenwärtigung in der Inszenierung angewiesen, um zur Wirkung zu kommen. Dieses – später noch zu erläuternde – Phänomen setzt der Lektüre von Komödien unter dem Aspekt der Erfassung des Komischen enge Grenzen. Um die Bedeutung der sinnlichen Wahrnehmung nicht in Vergessenheit geraten zu lassen, stellen wir den Texten einen Cartoon voran, der ganz ohne Worte auskommt und in seiner „Handlung" komisch ist. Er stammt aus der Feder des Hamburger Cartoonisten und Satirikers Papan.[4)]

Das zweite Beispiel entnehmen wir den „Fröschen" des Aristophanes, die an den Lenäen des Jahres 405 v. Chr. zuerst in Athen aufgeführt wurden. Die „Frösche" gelten als die vollkommenste Literaturkomödie des Abendlandes (bezogen auf den darin dargestellten Wettkampf zwischen Aischylos und Euripides). Über den historischen, gesellschaftlichen und literarischen Hintergrund dieser Komödie läßt sich nachlesen:

> *„Die griechische Komödie erwuchs aus der Verbindung archaischer mimisch-phallischer Traditionen mit den im Dionysoskult eigentüml. festl.-trunkenen Umzügen und Gesängen, sie ist zuerst bei den Dorern, dann in Sizilien und Attika nachweisbar, nahm um 500 v. Chr. Epicharmos literar. Form an und wurde 486 Teil des offiziellen Dionysosfestes. Zur Zeit des peloponnes. Krieges erhob sich die ältere griechische (attische) Komödie zu dichterischem Rang und gipfelte in Aristophanes, bei dem sich geniale mythologische Phantasie mit geistreich-witzigem Spott über die polit. und kulturellen Zeitzustände und die dafür verantwortl. Persönlichkeiten verband. Seine „Frösche" (mit Aischylos und Euripides im Hades) blieben die vollkommenste Literaturkomödie des Abendlandes."*[5)]

Nicht aber der Komödie als ganzer gilt unser Augenmerk, sondern einem kleinen Ausschnitt. Dieser ist zudem nicht aus dem berühmten zweiten Teil entnommen, der den literarischen Wettkampf in Szene setzt, sondern dem ersten, der in „lockerer Episodenfolge ganz im Stil ausgelassenster Posse gehalten" ist.[6)] Die Episoden *„beginnen mit einer Art von Vorspiel beim Hause des Herakles, zu dem Dionysos mit seinem Diener Xanthias kommt, um sich nach dem Weg in die Unterwelt zu erkundigen. Herakles war ja dort, um den Kerberos zu holen, und so hält es Dionysos für zweckmäßig, im Herakleskostüm mit Löwenfell und Keule hinunterzusteigen, um dort Eindruck zu machen. Zweck des Abenteuers ist, den vor kurzem verstorbenen Euripides heraufzuholen, ohne den es der Theatergott nicht mehr aushalten kann."*[7)]

Zu Beginn des zitierten Ausschnitts sind Dionysos und sein Diener im Hades angelangt und tappen im Dunkeln. Herakles hatte beide vor scheußlichen Ungeheuern gewarnt, die sie hier antreffen würden.

> DIONYSOS: *(. . .) Doch sag, was tun wir jetzt?* XANTHIAS: *Wir gehen weiter; da ist der Ort, da kommen, wie er sagte, die wilden Tiere!* DIONYSOS: *Der verfluchte Kerl. Hat aufgeschnitten, um mir angst zu machen, aus purem Neid! Er weiß, wie keck ich bin! „So stolz ist nichts auf Erden" wie Herakles! Ich wünschte sehr, es käm' etwas, ich fände hier einen Strauß, der diese Fahrt verlohnt.* XANTHIAS: *Bei Gott, ich höre was – es schnaubt daher!* DIONYSOS: *Wo, wo?* XANTHIAS: *Dahinten!* DIONYSOS: *Geh du hinter mich!*[8)]

(4) Papan, Veränderliches. München 1982.
(5) Brockhaus Enzyklopädie. 17. Auflage. Wiesbaden 1980.
(6) Kindlers Literaturlexikon. Bd. 4. München 1974, S. 1394.
(7) Albin Lesky, Geschichte der griechischen Literatur. 3. Aufl. Bern und München 1971, S. 499
(8) Aristophanes, Die Frösche. In: Ders.: Sämtliche Komödien. Übertr. v. L. Seeger. Zürich und Stuttgart 1968, S. 529.

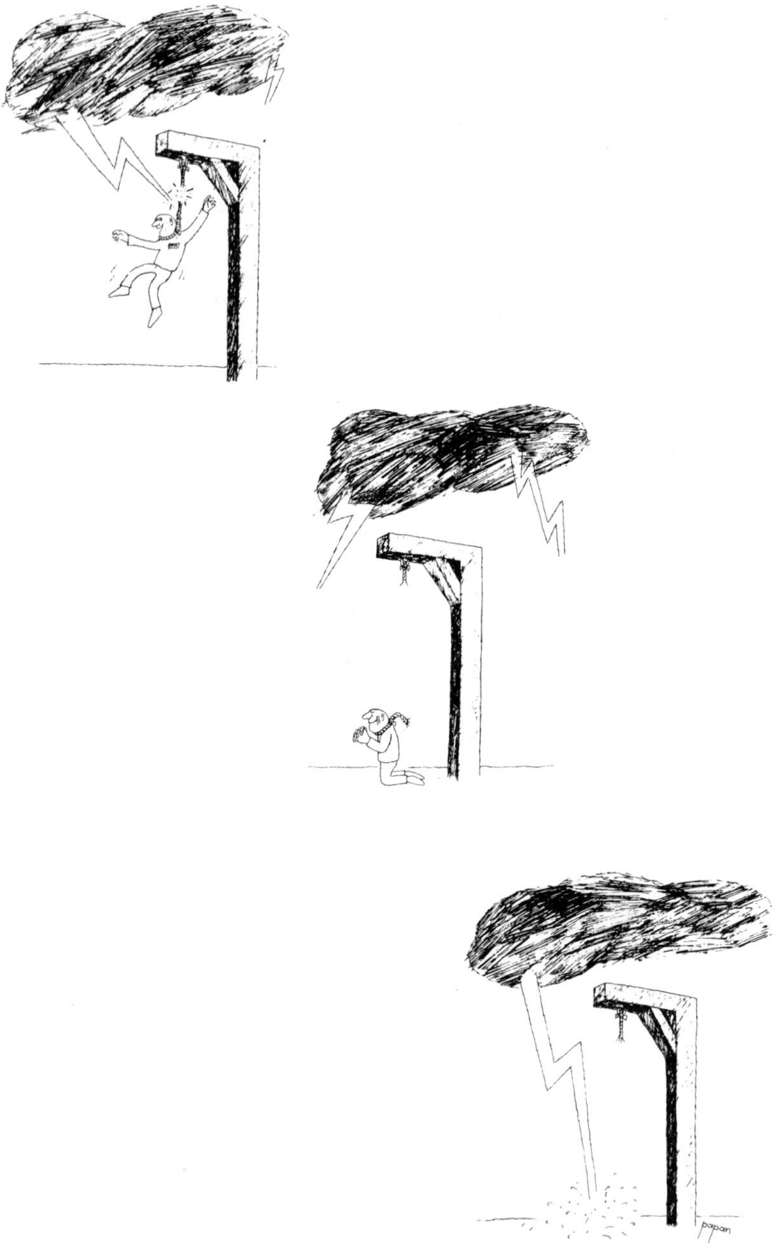

Aus: Papan: Veränderliches, München 1982
(Goldmann Verlag)

Das dritte Beispiel stammt aus einem der berühmtesten Stücke des Plautus, dem „Amphitryon". Über das Verhältnis der römischen Komödie zur älteren attischen des Aristophanes schreibt Helmut Prang:

„An die Stelle der großen staatspolitischen oder kulturpolitischen Komödie war nun eindeutig das Alltagslustspiel des Durchschnitts- und Kleinbürgers getreten. Betrogene Männer und Frauen, von Sorgen geplagte Väter und leichtfertige Söhne, großsprecherische Soldaten und betrügerische Kaufleute, lobhudelnde Parasiten und verschlagene Sklaven, Dirnen und Kuppler bevölkern diese Komödien, die vielfach ein lebendig-karikiertes Spiegelbild des römischen Großstadtlebens wiedergeben. Hier also hat die spätere Charakter- und Typenkomödie ihre Ur- und Vorbilder."(9)

Mit Recht hebt Prang aber auch hervor, daß die „Amphitryon"-Komödie vor diesem Hintergrund eine Sonderstellung einnimmt.

„In dieser Verwechslungs- und Doppelgängerkomödie liegt aber mehr als das Vordergründig-Komische spaßhafter Irreführungen (. . .). Das Verkennen des Ehemanns, des Herren und Dieners ist für die Beteiligten alles andere als lustig. (. . .) Der Dichter ist sich selber dieser Nähe von Komischem und Tragischem bewußt (. . .)"(10)

Wir zitieren aus dem Stück eine Szene, die später auch noch Molière und Kleist fasziniert hat.

Merkur hat sich als Diener des Feldherrn Amphitryon, Sosias, verkleidet, damit Zeus seine Schäferstunde mit Alkmene, Amphitryons Frau, ausdehnen kann. Merkur, einen bezechten Sosias markierend, sitzt zu Beginn der Szene auf Amphitryons Haus und bewacht den Eingang:

MERKUR: *Wer ist draußen?* AMPHITRYON: *Ich!* MERKUR: *Was heißt das? Ich? 's gibt viele Ichs!* AMPHITRYON: *Ich selber! Hörst du nicht!* MERKUR: *Der Henker hol' dich! So die Türe mir zu martern!* AMPHYTRYON: *Wie?* MERKUR: *Du solltest dran krepieren!* AMPHYTRYON: *Sosias!* MERKUR: *Ganz recht, der bin ich! Glaubst du, daß ich mich nicht kenne? Nun, was gibt's?* AMPHITRYON: *'s gibt Schläge, Schurke! Wagst du etwa noch zu fragen?* MERKUR: *Ja, ich frage! Denn du Esel hebst die Pforte aus den Angeln! Glaubst du etwa, daß der Fiskus uns 'ne neue Tür bezahlte? Nun? Was starrst du so nach oben? Mensch, wer bist du und was willst du?* AMPHITRYON: *Fragst du gar nach meinem Namen? Wart, ich will für diese Frechheit deinen räud'gen Rücken bläuen!* MERKUR: *So? Mir scheint, in deiner Jugend hast du nicht genug bekommen.* AMPHITRYON: *Ich? Wovon?* MERKUR: *Von Schlägen, Alter! Da du das Gelüst mir stachelst, dies noch schleunigst nachzuholen!* AMPHITRYON: *Bube! Diese frechen Reden werden noch das Grab dir graben!*(11)

Um die Vielfalt der Beispiele zu sichern, sei abschließend ein moderner Komödien-Autor zitiert: Dario Fo mit seiner 1976 in Frankfurt aufgeführten Farce „Bezahlt wird nicht!". Fo – Autor, Regisseur und Schauspieler in einer Person – vereinigt in seinen Stücken Elemente der klassischen Komödientradition mit solchen der Commedia dell'Arte. Seine besondere Stellung beruht darauf, daß für ihn komisches und politisches Theater keine sich ausschließenden Begriffe sind. Er ist ein politischer Komödiant, eine Eigenschaft, die nach Aristophanes fast völlig in der europäischen Komödientradition verloren ging. Zum Inhalt der Farce:

---

(9) Helmut Prang, Geschichte des Lustspiels. Stuttgart 1968, S. 27 f.
(10) ebda.
(11) Plautus, Amphitryon. Übers. v. E. R. Leander. In: Ders., Komödien. München 1959, S. 73.

Die Arbeiterfrau Antonia war an einer Aktion beteiligt, in der Mailänder Frauen – aus Empörung über die Preiserhöhung – den Verkaufsleiter eines Supermarkts düpiert und sich kostenlos die Taschen mit Waren vollgeladen haben. Antonia muß die Eßwaren – darunter versehentlich Tierfutter – jedoch verstecken: zum einen vor ihrem Mann Giovanni, der als getreuer KP-Anhänger jede illegale Aktion schärfstens verurteilt; zum anderen vor der Polizei, die Razzien durchführt und Familien, bei denen gestohlene Waren gefunden werden, verhaftet. Antonia hat ihrer Freundin Margherita von der Aktion erzählt und sie mit Eßwaren versorgt. Als Schwangere getarnt, war Margherita in ihre eigene Wohnung gegangen, aber alsbald aus Angst vor der Polizei zu Antonia zurückgekehrt, die die Waren unter dem Bett versteckt hat. Giovanni, der von der Arbeit nach Hause gekommen ist, weiß davon nichts; ebenso ahnt er nicht, was sich hinter Margheritas überraschender Schwangerschaft verbirgt. Drei Carabinieri sind in Antonias Wohnung, um nach unbezahlten Waren zu fahnden.

> Die Carabinieri setzen die Durchsuchung fort und nähern sich dem Bett. ANTONIA zu Margherita: *Los, kreisch, weinen.* MARGHERITA jammert laut. ANTONIA: *Lauter.* MARGHERITA kreischt lauter. CARABINIERE: *Was ist, was hat sie?* ANTONIA: *Die Wehen, die Ärmste!* GIOVANNI: *Frühgeburt, fünfter Monat höchstens!* ANTONIA: *Sie hatte vorhin einen Nervenzusammenbruch . . . wegen der Polizisten, die ihr den Bauch abtätscheln wollten, die Ärmste.* CARABINIERE: *Den Bauch abtasten?* GIOVANNI: *Um zu sehen, ob sie vielleicht ein paar Tüten Reis oder Nudeln unter dem Rock hätte, statt des Kindes. Kommen Sie, bedienen Sie sich; tasten sie sie ab! Es ist nur eine kleine Arbeiterfrau . . . da ist alles erlaubt. Sie ist nicht etwa die Fürstin sowieso oder die Frau vom Unternehmerboß sowieso, wo man euch aus den Latschen haut, wenn ihr sie anrührt. Völlig ungefährlich: Treten Sie näher! Ein Fummeln in Ehren kann niemand verwehren!* CARABINIERE: *Hören Sie, hören Sie auf! Sie provozieren uns!* ANTONIA: *Ja, du übertreibst! Hör sofort auf!* MARGHERITA schreit überlaut. ANTONIA: *Und du übertreibst auch. Schrei leiser!* CARABINIERE: *Ja, haben Sie schon die Ambulanz benachrichtigt?* ANTONIA: *Eine Ambulanz?* CARABINIERE: *Aber ja, die arme Frau stirbt euch womöglich noch Außerdem verliert sie das Kind, wenn's eine Frühgeburt ist.*[12]

II Die Figuren in der Welt des Komischen

1. Handlungen

Figuren, die sich irren . . .

(1) Wer die Welt komischer Situationen von außen betrachtet, begegnet allenthalben Figuren, die sich irren: dem Sträfling, Dionysos, Amphitryon, den Carabinieri, Giovanni. Daß sich so verschiedenartige Figuren in so unterschiedlichen Stücken in ein und derselben Grundsituation befinden, muß doch wohl mit der Struktur des Komischen zusammenhängen. Wir unterscheiden im folgenden drei Formen des Irrtums: (a) die irrtümliche Wahrnehmung, (b) das irrtümliche Verhalten und – dazu unten – das Mißgeschick.
(a) Der Sträfling deutet den Blitz falsch. Dionysos hält sich für einen kecken Teufelskerl. Amphitryon durchschaut nicht die Intrige. Die Carabinieri und Giovanni glauben, Margherita sei schwanger. Alle diese Figuren verkennen, was wirklich ist. Die Vorstellungen in

(12) Dario Fo, Bezahlt wird nicht! Eine Farce. Übers. v. P. O. Chotjewitz. Berlin 1982, S. 32 f.

ihrem Bewußtsein stehen im Widerspruch zur Realität. Diese Inkongruenz ist unter inhaltlichem Gesichtspunkt bemerkenswert.
Was der Sträfling als erhabene Gnade des Himmels deutet, ist in Wirklichkeit entweder ein Versehen des Himmels oder ein purer Zufall. Dionysos sieht sich als großen Draufgänger (auf den sogar Herakles neidisch sei), während er tatsächlich ein Hasenfuß ist. Die Carabinieri und Giovanni sind von dem Gedanken bewegt, daß Margherita ein Kind bekommt, während sich unter ihrem Kleid nur Nudeln und Mehl befinden.
In allen diesen Beispielen (Amphitryon ausgenommen)[13] spiegelt sich im Bewußtsein der Figuren etwas Großes, Bedeutendes, Gewichtiges (Erhabenes) wider (göttliche Fügung, große Tapferkeit, Geburt eines Kindes), während die Wirklichkeit viel prosaischer aussieht, ja im krassen Gegensatz zur Vorstellung der Figuren etwas Kleines, Fehlerhaftes, Nichtiges (Niedriges) repräsentiert (einen göttlichen Irrtum bzw. einen physikalischen Zufall, bodenlose Feigheit, Nudeln und Mehl). Wir sprechen von einer irrtümlichen Wahrnehmung, welche im Bewußtsein der Figuren die Vorstellung von etwas Erhabenem entstehen läßt, während die Realität nur etwas Niedriges zeigt.
(b) Die irrtümliche Wahrnehmung der Figuren hat Folgen. Sie bedingt, daß die Figuren sich inadäquat verhalten und häufig ihren Interessen zuwiderhandeln und im Verfolg ihrer Ziele scheitern. Es entsteht also eine Inkongruenz zwischen dem Interesse, der Intention der Figuren einerseits und ihrem Handlungserfolg andererseits. Auch diese Inkongruenz läßt sich inhaltlich näher bestimmen.
In der Zielsetzung der Figuren steckt (wie in ihrer Wahrnehmung des Bestehenden) etwas Hohes; wohingegen ihr Handlungserfolg (wie die wahrgenommene Wirklichkeit) etwas Nichtiges zum Vorschein bringt. Der Sträfling will dem Himmel für seine Gnade danken und ein Leben als reuiger Sünder führen – er wird aber vom Himmel vernichtet. Dionysos will als tapferer und unbezwinglicher Held bewundert werden – stattdessen durchschaut ihn jeder als eitlen Prahlhans.[14] Amphitryon will in sein eigenes Haus zu seiner Gattin zurückkehren – er muß, von „seinem" Sklaven beschimpft, vor seiner eigenen Tür stehen, während drinnen ein anderer sich mit seiner Frau vergnügt. Giovanni legt sich mächtig ins Zeug, um die Frauen gegen die Carabinieri zu verteidigen – handelt aber unter völlig falschen Voraussetzungen und ist im Begriff, die Frauen zu gefährden. Der Widerspruch zwischen Handlungsziel und Handlungserfolg ist also – ähnlich wie der zwischen wahrgenommener und tatsächlicher Wirklichkeit – dargestellt als Inkongruenz zwischen Gewichtigem und Nichtigem.
Häufig verwirklicht die irrende Figur durch ihr Verhalten eine dritte Inkongruenz mit zwei auffälligen Varianten. Das irrtümliche Verhalten zeitigt einen übergroßen Aufwand an Energie und Mitteln, der in keinem Verhältnis zum Ergebnis steht. Dionysos verschwendet einen großen Reichtum an Worten, um seine Tapferkeit herauszustreichen, ja, er flicht in seine Rede sogar ein Zitat seines Lieblingsdichters Euripides mit ein[15] – aber jedes Wort, das er, der Dickwanst im Safrankleid, spricht, macht ihn nur noch lächerlicher. Amphitryon erregt sich und droht Schläge an – bleibt aber doch zur Erfolglosigkeit verurteilt. Giovanni überbietet sich selbst in seinem aggressiven und provokativen Verhalten – handelt aber

(13) Hier liegt eine Umkehrung vor: der Gott spielt den niedrigen Sklaven.
(14) Schon durch seine Aufmachung wirkt Dionysos lächerlich.
(15) Vgl. den Kommentar von Theodor Kock, Die Frösche. 3. Aufl. Berlin 1881, S. 120 f.

unsinnig. – Die Inkongruenz zwischen Verhalten und Handlungserfolg enthält zweitens die Variante, daß das gewählte Verhalten in widersinnige Weise genau das Gegenteil von dem bewirkt, was angestrebt ist. Hätte sich der Sträfling einfach aus dem Staub gemacht (statt mit frommer Gebärde dem Himmel zu danken), vielleicht wäre er dem zweiten Blitz entgangen. Giovanni, der die Frauen verteidigen und schützen will, gefährdet gerade durch dieses Verhalten deren Interessen.

Die Figur, die sich in der Welt des Komischen irrt, bietet sich also dem Zuschauer in einer Fülle von eigentümlich gefärbten Widersprüchen dar: zwischen Wahrnehmung und Wirklichkeit, Handlungsziel und Handlungserfolg sowie zwischen Anstrengung und Handlungserfolg. Allen genannten Widersprüchen mit ihrer inhaltlichen Färbung des Gegensatzes zwischen Gewichtigem und Nichtigem liegt aber ein Grundwiderspruch zugrunde, auf den die philosophische Betrachtung des Irrtums verweist:

> *„(. . .) zur Komplexität des Irrtums-Phänomens (gehört) die Unmöglichkeit einer direkten Erfahrung des eigenen Irrtums (. . .). Der Irrende irrt im Grunde zweimal. Es kommen beim Irrtum zwei negative Reaktionen zusammen: die Inkongruenz zwischen Behauptung und Sachverhalt und die Inkongruenz zwischen Überzeugung und Behauptung. Erst durch das Auftreten der zweiten negativen Relation unterscheidet sich der Irrende vom Lügner.“*[16)]

Unsere Figuren, die in ihrer Wahrnehmung und ihrem Verhalten irre gehen, sind zugleich überzeugt, richtig zu sehen und zu handeln, ja sie sind zum Teil in anmaßender Weise von der Richtigkeit und Wichtigkeit ihres Tuns und Handelns eingenommen. Amphitryon tritt als von sich selbst überzeugter Feldherr auf, der gewohnt ist, die Lage zu übersehen und die richtigen Entscheidungen zu treffen. Nicht minder selbstherrlich lernt der Zuschauer Giovanni kennen, der glaubt, alles zu durchschauen und besser zu wissen als die Frauen. Beider Anspruch auf Gewicht im Urteilen und Handeln wird am Prüfstein der banalen Wirklichkeit zuschanden.

Figuren, die andere irreführen . . .

Der Irrtum der Figuren kann in der Welt des Komischen verschiedene Gründe haben: die Figuren können eine Naturerscheinung mißverstehen – wie der Sträfling den Blitz; sie können sich über ihre eigenen Kräfte und Möglichkeiten täuschen – wie Dionysos, wenn er sich für tapfer hält. Sie können aber auch Opfer einer bewußten Täuschung sein. Dieser dritte Grund führt auf die Aktionsform der Irreführung, die neben der menschlichen Grundsituation des Irrtums in der Welt des Komischen auffallend häufig zu beobachten ist. Eine Figur agiert (sucht ein Ziel zu erreichen), indem sie etwas vortäuscht: so Merkur, wenn er seinem Herrn die ungestörte Schäferstunde verschafft und zu diesem Zweck die Gestalt des Sosias annimmt; so Antonia, wenn sie die Aufdeckung der Eßwaren verhindern will und Margherita auffordert, eine Frühgeburt vorzutäuschen. Bei näherem Hinsehen gewahrt man in den Text-Beispielen weitere Täuschungsmanöver.

Wenn Dionysos seinem Sklaven Xanthias zuruft „Geh du hinter mich!“, so sicherlich, weil er das Ungeheuer von hinten erwartet und sich ängstlich vor Xanthias Rücken plazieren will. Man stelle sich aber eine Inszenierung vor, in der Dionysos sich mit kämpferischer Gebärde nach vorn wendet und Xanthias mit Herablassung zuruft, er solle hinter ihn gehen.

---

(16) Historisches Wörterbuch der Philosophie. Bd. 4. Darmstadt 1976, S. 590.

Kein Zweifel: Dionysos nutzt den Doppelsinn des Zurufs „Geh du hinter mich!“ in dieser Situation aus und versucht, Xanthias vorzutäuschen, er würde ihn schützen, während Dionysos in Wirklichkeit sich selbst schützen will.

Das Gewicht dieser Aktionsform für die Welt des Komischen wird auch dadurch erkennbar, daß Verhaltensweisen, die wir in der bisherigen Deutung der Grundsituation des Irrtums zugerechnet haben, sich auch als Täuschungsmanöver deuten lassen. Was geht in dem Kopf des Sträflings vor, als er knieend betet? Sein typisiertes listiges Verbrechergesicht schließt den Verdacht nicht aus, daß er die Demut nur heuchelt und sich schon darauf freut, sein Verbrecher-Leben fortsetzen zu können. Dionysos' Prahlerei kann, wie geschehen, auf Selbsttäuschung zurückgeführt werden. Nur ist auch die Interpretation möglich, daß er sich seiner Feigheit bewußt ist und den Tapferen aus Eitelkeit lediglich mimt. Hier hängt es von der Inszenierung und dem Schauspieler ab, welche Variante er ausspielt. Denkbar ist auch, daß beide Haltungen, die Selbsttäuschung und der Täuschungsversuch, oszillierend dargestellt werden.

Figuren, die in der Komödie irren, halten das Nichtige für das Erhabene. Aus der Perspektive der Figuren, die ihre Mitspieler irreführen, läßt sich umgekehrt sagen: sie wirken komisch, weil sie statt des Nichtigen Gewichtiges vortäuschen.

Wie wir sahen, wirkt sich die irrtümliche Wahrnehmung der irrenden Figuren auch auf ihr Verhalten und auf ihren Handlungserfolg aus. Interessanterweise besteht auch ein Zusammenhang zwischen der Aktionsform des Vortäuschens und dem Handlungserfolg, und zwar ebenfalls in der Weise, daß der Erfolg unsicher ist. Die auf Schein gegründete Aktionsform der Irreführung ist stets gefährdet, von der Aufdeckung bedroht und deshalb in ihrem Ziel unsicher und der Bestrafung ausgesetzt. Der die Demut heuchelnde Sträfling wird vernichtet. Dionysos prahlendes Großtun und seine Finte entlarven sich. Antonia und Margherita geraten immer wieder in Verlegenheit, den Schein aufrechtzuerhalten. Nur der göttliche Merkur ist von dieser Sorge um Mißerfolg befreit. Der Widerspruch zwischen Handlungsziel und -erfolg verbindet sich also ebenfalls mit der Figur, welche andere irreführt, und dies, obwohl (oder weil) sie den Widerspruch zwischen Schein und Sein bewußt kalkuliert. Darüber hinaus kann das Verhalten selbst in Kontrast zu dem Handlungsziel treten: die Mittel, die der Irreführende wählt, schlagen gegen ihn selbst aus. Der Listige „verrechnet“ sich. Antonia glaubt, die Carabinieri durch die vorgetäuschte Schwangerschaft abzulenken, was ihr auch gelingt. Sie hat aber nicht vorausgesehen, daß der Carabiniere Margheritas Lage so ernst nehmen wird, daß er sie ins Krankenhaus schaffen will, wodurch notwendig die Wahrheit über ihren Zustand „herauskommen“ muß. . .

Als Grundwiderspruch der irrenden Figur erschien die Inkongruenz zwischen der Überzeugung, den richtigen Durchblick zu haben, und der Tatsache des Irrtums. Dieser Grundwiderspruch ist auf den Irreführenden nicht übertragbar. Die Figur des Täuschenden konstituiert stattdessen einen anderen Grundwiderspruch, der für die Welt des Komischen nicht minder bedeutsam ist: im Widerspruch zwischen Vorgetäuschtem und Tatsächlichem ist zugleich der Widerspruch zwischen Imitation und imitiertem Urbild enthalten. Margherita spielt die Schwangere – dieses Verhalten steht nicht allein im Widerspruch zu den Nudeln und dem Mehl, sondern bedingt eine Differenz zwischen gespielter Schwangerschaft und dem Urbild echter Schwangerschaft.

Aus diesem Widerspruch zwischen Abbild und Urbild schlägt die Welt der Komödie auf vielfältige Weise Kapital. Sie verblüfft den Zuschauer, indem sie den Widerspruch zwi-

schen Schein und Sein zum Verschwinden bringt. Merkur ahmt Sosias so täuschend ähnlich nach, daß der Zuschauer keine Differenz entdecken kann.
Oder aber der Widerspruch bleibt überdeutlich sichtbar. Margherita schreit entweder zu leise oder zu laut. Es fällt ihr schwer, die Schwangere zu spielen. Damit gefährdet sie in dramatischer Weise nicht allein den Erfolg der Intrige, sondern baut eine eigene Spannung zwischen ihrem Spiel und dem echten Bild einer Schwangeren auf.
Oder aber in der täuschenden Imitation ist zugleich eine Karikatur des Urbildes enthalten. Denkbar wäre durchaus, daß Merkur in seinem Spiel durch Gebärdenspiel und Sprechweise den Sklaven Sosias karikiert.
Gerade auch in dem Grundwiderspruch zwischen Abbild und Urbild kann die inhaltliche Inkongruenz zwischen dem Hohen und dem Niedrigen in besonderer Weise zur Geltung kommen, indem das Urbild erhabene Züge trägt, die aber durch Über- oder Untertreibung bzw. das Hervorheben von Schwächen beeinträchtigt werden.

Exkurs: Figuren, die etwas imitieren . . .

Der Widerspruch zwischen Abbild und Urbild ist nicht immer an die Täuschungsabsicht gebunden. Er kann sich auch realisieren, wenn eine Figur – für die Mitspieler und Zuschauer durchschaubar – etwas vormacht, vorspielt, imitiert. Ein Beispiel für eine solche Situation liefert Dario Fo, wenn er den Carabiniere vorspielen läßt, wie man im Krankenhaus ein Fünf-Monats-Kind rettet (Margherita und Antonia hatten sich ja gegen den Krankenwagen mit dem Argument gesperrt, das Kind sei verloren).

> CARABINIERE: *Sie leben völlig hinterm Mond. Haben Sie nie gesehen, was wir hier in Mailand für unwahrscheinlich Apparate haben . . . in der gynäkologischen Klinik? Vor fünf Monaten war ich da zum Dienst eingeteilt und habe es gesehen. Sogar Verpflanzung machen die da!* GIOVANNI UND ANTONIA: *Was für Verpflanzungen?* CARABINIERE: *Eine Frühgeburt. Sie haben einer Frau, die eine Fehlgeburt hatte, ein vier Monate altes Kind aus dem Bauch operiert und es in den Bauch einer anderen Frau verpflanzt.* GIOVANNI: *In den Bauch?* CARABINIERE: *Wohin sonst? Kaiserschnitt, rausgeschnitten, übertragen, eingepflanzt mit Mutterkuchen und allem . . . zugenäht und nach fünf Monaten . . . jetzt vorigen Monat, ist es zur Welt gekommen, schön und gesund, wie ein Fisch.* GIOVANNI: *Wie ein Fisch?* CARABINIERE: *Ja.*

Gelesen wirkt diese Stelle nicht sonderlich komisch. Gerade die Komik des Widerspruchs zwischen Abbild und Urbild ist auf die sinnliche Wahrnehmung und das Spiel des Schauspielers angewiesen. Man denke sich, daß der Carabiniere seine Vorführung mit folgenden Gebärden und Aktionen verbindet.

Carabiniere: Wohin sonst? Kaiserschnitt, rausgeschnitten übertragen eingepflanzt mit Mutterkuchen und allem: zugenäht und nach fünf Monaten . . . ist es zur Welt gekommen, schön und gesund, wie ein Fisch	*Er nimmt die Dose Tierfutter, legt sich das Besteck wie zu einer Operation zurecht, tut so als würde er das Tischtuch aufschneiden, legt dann die Dose unter das Tischtuch, macht eine schnelle Handbewegung als wollte er andeuten, daß eigentlich noch mehr darunter gehört, mimt das Zunähen und beißt den imaginären Faden ab, führt die Hand unter die Tischdecke, als wäre er ein Zauberer / Gynäkologe und holt mit einem Ruck die Dose Tierfutter wieder hervor. Er strahlt.*

Auch in dieser Szene kommt die Komik irrtümlichen Handelns zur Geltung: der Carabiniere bemerkt nicht, daß die Dose, die er unter dem Tischtuch hervorzaubert, zu den gesuchten Waren aus dem Supermarkt gehört. Grundlegend für diese Situation unter dem Aspekt des Komischen ist aber der Widerspruch zwischen Abbild und Urbild, wobei diese Relation in den schon genannten drei Varianten ausgespielt werden kann.
Einerseits gewahren wir eine unbeschreibliche Vergröberung des Urbildes: Messer, Gabel, Dose, Tischtuch repräsentieren in barbarisch erscheinender Weise chirurgisches Besteck, Foetus und Mutterleib. Ein martialisch aussehender Carabiniere mimt den Gynäkologen. Andererseits verwandelt sich der Carabiniere vor unseren Augen in einen Rastelli der Transplantation. Jede Handbewegung wirkt wie tausendfach durchgeführt. Was wir vor uns sehen, ist auf unerwartete Weise eine richtige Operation. Und schließlich fehlt auch das Element der Karikatur nicht. Jede Aktion – wie z. B. das Abbeißen des Fadens – verrät zugleich eine fachmännische Eitelkeit, eine Manier. Das Zerrbild eines seiner Könnerschaft nur allzu bewußten Chirurgen wird sichtbar.

Figuren, die aus der Rolle fallen . . .

Jede Figur ist per se mit bestimmten Rollenmerkmalen ausgestattet, die die Vorstellung des Zuschauers von ihren möglichen Verhaltensweisen prägen. Wesensmerkmale (Gott/Mensch), Geschlechtsunterschiede (Mann/Frau), Altersdifferenzen (Kind/Greis), Berufsrollen (Polizist/„Sträfling“ usw.) konstituieren – verbunden mit einem bestimmten Aussehen – einen Erwartungshorizont. Dieser wird auch durch das Bild mitbestimmt, das die Figuren in ihrem bisherigen Verhalten gezeigt haben.
Charakteristisch für die Welt des Komischen sind Figuren, die sehr auffällig aus der Rolle fallen. Dabei besteht ein enger Zusammenhang mit der Grundsituation des Irrtums und der Aktionsform der Irreführung. Beide Handlungen wirken wie ein Katalysator für Verstöße gegen die Rollennorm. (Die Verhaltensweise des Aus-der-Rolle-Fallens geht aber nicht in den genannten Handlungen auf.)
(1) Figuren, die sich irren. Der irregeführte Amphitryon gerät in Rage und schimpft unbesonnen. Er widerspricht damit dem Bild des souveränen Feldherrn (und entspricht dem Bild vom tyrannischen Hausherrn?). Der Irrtum verleitet Giovanni zu einem Verhalten, das wir sonst nicht an ihm kennen. Er, der staatstreue KP-Mann und Gewerkschafter, verhält sich gegenüber dem Carabiniere ausfällig und wird obszön.
(2) Figuren, die andere täuschen. Merkur nutzt die Gelegenheit, einen Sklaven zu spielen, der sich gegenüber seinem Herrn grob und aggressiv verhält. (Sozialgeschichtlich interessant ist der Umstand, daß Plautus dieses Verhalten durch den Schein der Trunkenheit von Merkur-Sosias absichern muß.)
Auch die Diskrepanz zwischen Rollenerwartung und tatsächlichem Verhalten ist inhaltlich in vielen Fällen mit der Inkongruenz zwischen Erhabenem und Nichtigem verbunden. Aus der Rolle fallen der unsterbliche Gott Dionysos (als Feigling) und der große Feldherr Amphitryon (als unbesonnen Wütender). Nicht immer ist aber mit dem Rollenbruch eine Degradation verbunden. Merkur verleiht der Sklavenrolle einen rebellischen Zug – es gibt also auch das Fallen aus der Rolle „nach oben“, wie es für komisch wirkende „aufmüpfige“ Figuren typisch ist.
Ergänzung: Einen gewichtigen Platz nehmen in der Welt der Komik Figuren ein, denen ein

Mißgeschick passiert: Figuren, die stolpern, hinfallen oder denen etwas aus der Hand fällt. In allen genannten Beispielen ist die Gravitation im Spiel, die den Figuren einen Streich spielt. Diese Figuren lassen sich den Irrenden zuordnen, mit dem Unterschied, daß sie kein falsches Bild von der Wirklichkeit haben und nichts beabsichtigen. Sie haben einfach nicht aufgepaßt – unversehens ist ihnen ein Mißgeschick unterlaufen wie dem Thales, als er – was die thrakische Magd lachend quittiert – beim Betrachten des Himmels in einen Brunnen fällt.[17] Man kann bei diesem „Fall" der Newtonschen Gravitation die Rolle des Intriganten zuschreiben. Wichtig aber ist der Umstand, daß die Figur durch ein solches Mißgeschick einen Verlust erleidet: sie fällt aus ihrem Rahmen. Man betrachte das erste Bild des Cartoons: aus der Folge der Ereignisse läßt sich auch ableiten, daß sich der Himmel geirrt hat, daß ihm der Blitz wider Willen entfahren ist (das dritte Bild wäre dann die Korrektur des Mißgeschicks). Wieder ist die Schwerkraft im Spiel, und die Folge ist ebenfalls sichtbar: der Himmel, als Inbegriff des Erhabenen, erleidet eine Einbuße.

2. Charaktere

Wodurch geraten Figuren in die Situation des Irrtums? Was veranlaßt sie, andere irrezuführen? Weshalb fallen sie aus der Rolle? In welchem Maße sind diese Handlungen der Figuren in der Welt des Komischen subjektiv „verschuldet" bzw. ihnen durch äußere Umstände aufgenötigt? Diese Fragen führen auf die Bedeutung der Charaktereigenschaften der Figuren für die Welt des Komischen.

(1) Figuren, die sich irren. Dionysos täuscht sich über sich selbst – aus Schwäche (Eitelkeit). Wenn er zudem glaubt, andere beeindrucken zu können, ist er törischt. Giovanni verkennt die Situation. Eine gewisse Leichtgläubigkeit ist ihm eigen, so daß der Irrtum auch selbstverschuldet ist. Seine Anmaßung, alles zu durchschauen, läßt ihn ebenfalls töricht erscheinen. Die Situation des Irrtums führt bei beiden Figuren auf das Merkmal der Torheit. Sie verführt beide dazu, unsinnig zu handeln. Töricht erscheint insbesondere der Widerspruch zwischen dem Verhalten (in seinem Aufwand, seiner Richtung) und dem Handlungserfolg.

Mit der Eigenschaft des Törichten verbinden sich weitere „individuelle" Schwächen: Dionysos ist eitel, Giovanni leichtgläubig.

Nicht alle Figuren, die sich irren, zeigen auf den ersten Blick Schwächen. Wenn der Sträfling den Blitz mißdeutet, ist er Opfer einer falschen Interpretation, die ihm nicht als Charaktermangel angelastet werden kann. Wenn Amphitryon die Situation nicht durchschaut, befindet er sich ebenfalls in der Rolle des Opfers. Hat er doch keine Chance, die von einem Gott realisierte Intrige aufzudecken. Das Spektrum der Merkmale irrender Figuren schließt also auch Personen ein, die an ihrem Irrtum unschuldig, also Opfer der Situation sind. Diese Beobachtung erklärt, warum Figuren wie Amphitryon rasch in den Grenzbereich zum Tragischen rücken können. Andererseits ist auch eine Spielweise denkbar, die Amphitryons Rolle als Lustspielfigur zur Geltung bringt. Wenn er ausfällig wird, macht er sich der Schwäche der Unbesonnenheit schuldig. Zugleich wirkt sein Verhalten, sobald er mit großem Kraftaufwand poltert und wütet, unsinnig und töricht.

---

(17) Vgl. Hans Blumenberg, Der Sturz des Protophilosophen – Zur Komik der reinen Theorie, anhand einer Rezeptionsgeschichte der Thales-Anekdote. In: Das Komische. Hrsg. v. W. Preisendanz und R. Warning. München 1976, S. 11 ff.

(2) Figuren, die andere irreführen. Die Aktionsform der Irreführung läßt Eigenchaften sichtbar werden, die wir schon kennen. Die Figuren wirken ebenfalls töricht, wenn ihre Täuschungsabsicht von vornherein durchschaubar ist (Dionysos, der prahlt und Xanthias zu täuschen versucht).
Ist aber der Theater-Gott Dionysos hinreichend beschrieben, wenn wir ihn (moralisierend) als eitel und töricht „entlarven“? Ist er nicht einer, der diese Rolle spielt, und zwar mit Witz? Wer kann so gekonnt prahlen wie Dionysos, so listig die Situation nutzen, um den Schein der Tapferkeit zu erwecken? In der Irreführung können also auch Eigenschaften zur Geltung kommen wie Gewitztheit und Einfallsreichtum; Eigenschaften, die nicht als Schwächen disqualifiziert werden können. Diese Beobachtung wird durch das Verhalten von Antonia verstärkt. Auch sie täuscht etwas vor, aber mit wieviel Witz und Phantasie (man denke an Hauptmanns Mutter Wolffen!) – zudem wird ihre Intrige in der Handlungswelt des Stükkes als berechtigt dargestellt. Die Irreführung erscheint hier als Waffe der Unterdrückten, die sich gegen die Mächtigen (den Ehemann, die Polizei, den Staat) zur Wehr setzen.
Es reicht also nicht aus, wenn Aristoteles (und viele Theoretiker nach ihm) definieren, die Komödie sei die Nachahmung von schlechteren Menschen und das Lächerliche ein mit Häßlichkeit verbundener Fehler.[18] Sicherlich werden auch in der Welt des Komischen Fehler lachend bestraft, insbesondere die Torheit (als Verstoß gegen elementare Regeln zweckrationalen Handelns) und andere Schwächen (wie Eitelkeit, Unbesonnenheit, Unverbesserlichkeit), aber die Komödie kennt auch die Komik spontaner Einfälle, die im Dienst einer guten Sache stehen und Mutterwitz, Einfallsreichtum und Verwandlungsvermögen der Figuren verraten.
(3) Figuren, die aus der Rolle fallen. Die Ambivalenz der Tugenden komischer Figuren bestätigt sich, wenn man die Verhaltensweise des Aus-der-Rolle-Fallens ins Auge faßt. Diese indiziert einerseits weitere Schwächen wie Unachtsamkeit (der Himmel), Feigheit (Dionysos); andererseits aber auch potentielle Tugenden wie das rebellische Verhalten (Merkur-Sosias, Giovanni).

3. Moral

Die Welt der Komik hat eine eigentümliche Moral. Sie wirkt wie ein Strafgericht gegen diejenigen, die sich irren, insbesondere, wenn sie das Erhabene imaginieren, das in Wirklichkeit das Nichtige ist, wenn sie in ihrem Verhalten gegen elementare Prinzipien zweckrationalen Handelns verstoßen und gesellschaftliche Tugenden mißachten. Die Komik ist zudem eine latente Bedrohung derjenigen, die sich des Mittels der Täuschung bedienen, wobei sie die einen der Lächerlichkeit preisgibt, wenn sie sich töricht und fehlerhaft verhalten, die anderen zum Gegenstand der Identifikation und der Bewunderung erhebt, wenn sie sich einfallsreich gegen Mächtigere zur Wehr setzen.
Die Handlungen in der Komödie gehorchen in der Regel einem Gesetz, das Aristoteles prägnant formuliert hat: die Fehler, welche das Lächerliche konstituieren, dürfen keinen „Schmerz“ und kein „Verderben“ verursachen[19]. Dieser Beobachtung widerspricht der Cartoon. Der Sträfling bezahlt seinen Irrtum sehr teuer.

---

(18) Aristoteles, Poetik. Griech./Deutsch. Hrsg. v. M. Fuhrmann, Stuttgart 1982 (= RUB 7828,2), S. 16, 17.
(19) ebda.

Das Komische und das Makabre schließen sich also nicht aus. Auffällig ist aber, wie der Cartoonist die Figur unserem Mitleid zu entziehen weiß, der Kontrast zwischen der modernen Sträflingskleidung und dem altertümlichen Galgen rückt die Figur in eine imaginäre Welt. – In den meisten Fällen fügt weder der Irrtum noch die Irreführung und der Rollenverstoß den Figuren einen ernsthaften Schmerz zu. Zum einen, weil der Schmerz objektiv nicht groß ist; zum anderen, weil die Figuren in der Welt des Komischen eigentümlich schmerzunempfindlich sind (wie z. B. Amphitryon, sofern er komisch wirken soll). Bergson verlegt die Schmerzunempfindlichkeit in den Betrachter: „Die Komik bedarf also einer vorübergehenden Anästhesie des Herzens, um sich voll entfalten zu können. Sie wendet sich an den reinen Intellekt."[20] Die Schmerzunempfindlichkeit ist aber auch eine den Figuren in der Welt des Komischen inhärente Eigenschaft.

III. Die Dramaturgie des Komischen

Die Welt des Komischen ist wohl deshalb so schwer zu fassen, weil es schwierig ist, die Vielfalt der Widersprüche und der mit diesen verbundenen Inhalte „auf die Reihe" zu bringen. Wir haben dies versucht, indem wir die Widersprüche aus den Handlungen der Figuren ableiteten. Der proteische Charakter des Komischen ist aber ferner dadurch bedingt, daß das Komische an eine bestimmte Ästhetik bzw. Dramaturgie der Wahrnehmung gebunden ist. Hobbes erkannte zuerst, daß das Komische, um wirksam zu werden, plötzlich und unerwartet auf den Zuschauer treffen muß.[21] Wie aber das Plötzliche und Unerwartete zu bestimmen ist, bleibt auch in den nachfolgenden Theorien des Komischen unklar.
Eine Lösung des Problems sehen wir in der Berücksichtigung zweier Aspekte: einmal ist in den Handlungen, welche die Welt des Komischen bestimmen (dem Sich-Irren, Irreführen, Aus-der-Rolle-fallen), ein jeweils unterschiedliches Überraschungsmoment enthalten, zum anderen kann dieses Überraschungsmoment durch die Gestaltungsweise der Welt des Komischen sozusagen „künstlich" gesteigert werden.

Figuren, die sich irren

Hier sind zwei Wahrnehmungsprozesse des komischen Irrtums zu unterscheiden. (1) Der Zuschauer durchschaut den Irrtum der Figur von Anfang an. Daß Amphitryon sich irrt, weiß der Zuschauer, da er von Merkur in die Intrige eingeweiht ist; ebenso erkennt er von Anbeginn, daß Giovanni und die Carabinieri sich täuschen, weil er auf der Bühne gesehen hat, wie Antonia und Margherita die Eßwaren verstecken. Die Dramaturgie des vom Zuschauer vornherein an durchschauten Irrtums kann nun verschieden ausfallen.
(a) Dramatisch wirkt die Situation im Fall der Carabinieri, die das Haus durchsuchen. Sie sind kurz davor, die gestohlenen Waren unter dem Bett zu entdecken, da lenkt Antonia sie unerwartet durch eine Intrige ab. Von diesem Zeitpunkt ab täuschen sich die Carabinieri, aber verschiedene Faktoren wirken zusammen, um den Schein instabil zu halten: Giovannis Engagement, Margheritas Ungeschicklichkeit, der angeforderte Krankenwagen. Antonia ist also immer wieder herausgefordert, die Gefahr der Entlarvung abzuwehren.
(b) Anders verhält es sich in der Szene des Plautus. Die Gefahr, daß Merkur entlarvt wird,

(20) Henri Bergson, Das Lachen. Ein Essay über die Bedeutung des Komischen. Zürich 1972, S. 13.
(21) Thomas Hobbes, Vom Menschen. Vom Bürger. Eingel. u. hrsg. G. Gawlick. Hamburg 1959, S. 33.

besteht nicht. Die Komik beruht hier darauf, daß die Kontrahenten mehr und mehr aus ihrer Rolle fallen.

(2) Ein zweiter Wahrnehmungsprozeß ist dadurch gekennzeichnet, daß wir als Zuschauer zunächst demselben Irrtum unterliegen wie die Figuren und dann plötzlich und überraschend gewahr werden, daß wir uns geirrt haben. In dem Cartoon von Papan erkennen wir erst auf dem dritten Bild, daß der erste Blitz nicht der Gnade des Himmels entfuhr. Wir teilen also den Irrtum des Sträflings. Das überraschende Gewahrwerden eines Irrtums im Wechsel von Bild 2 zu Bild 3 löst in uns eine Vielzahl plötzlicher Erkenntnisprozesse aus. Wir erkennen, daß sich der Sträfling geirrt hat; wir erwägen, ob er den Himmel täuschen wollte; wir überlegen, ob dem Himmel ein Mißgeschick passierte oder daß der Blitz lediglich ein pyhsikalischer Zufall war. Im Wechsel von einem Moment zum anderen entstehen also „blitzartig“ verschiedene Deutungsmöglichkeiten.

Figuren, die etwas vortäuschen

(1) Auch hier besteht die Möglichkeit, daß wir das Täuschungsmanöver von Anfang an durchschauen, z. B. bei Merkur und den Frauen der Farce von Dario Fo. Auch diese Möglichkeit läßt zwei Varianten zu:

(a) Die Täuschung ist uns angekündigt, wie es Plautus in didaktisierender Weise tut.

(b) Die Täuschung überrascht uns. Wir haben sie kaum für möglich gehalten. Dies gilt für Dionysos' Finte und Antonias Einfall, Margherita schreien zu lassen.

(2) Die Alternative besteht darin, daß wir als Zuschauer selbst zunächst auf das Täuschungsmanöver hereinfallen und dann sehr plötzlich unseren Irrtum durchschauen.

Exkurs:

Das Komische läßt sich, wie verschiedentlich hervorgehoben, nur bedingt am Text „ablesen“. Es kommt häufig nur in Einfällen zur Geltung, zu denen der Text lediglich das „Libretto“ abgibt. Die Schüler sollten sich also durch das Anschauen von Inszenierungen bzw. durch eigenes Probehandeln klar werden, wie wichtig inszenierte Gags und improvisierte Lazzis für die Wirkung des Komischen sind. Um die Möglichkeiten anzudeuten, die in der Dramaturgie einer Täuschung stecken, die der Zuschauer nicht durchschaut, sei eine Inszenierungsidee zu dem Szenenausschnitt aus den „Fröschen“ in Zadek'scher Manier vorgeschlagen und analysiert. Man stelle sich vor, daß Dionysos die Situation nach Xanthias' Satz „Da ist der Ort, da kommen, wie er sagte, die wilden Tiere!“ in folgender Weise „ausspielt“.

Es sieht so aus, als hätte Dionysos in der hinteren Ecke der Bühne etwas Schreckenerregendes gewahrt. Er stellt sich in Positur, stürmt mit der Keule fuchtelnd vorwärts. Überraschend wird aber ein kleiner gewöhnlicher Straßenhund sichtbar, der Dionysos erschrokken an die Beine geht und ihn beißt. Dionysos ergreift, zur Bühnenmitte rennend, die Flucht und verliert dabei unversehens die Keule. Flugbahn und Aufprall der Keule verraten: sie ist aus Pappe.

Erst als der Zuschauer den Hund sieht, wird er sich seines Irrtums bewußt. Dionysos' Verhalten hatte in ihm eine gespannte Erwartung eines großen Ungeheuers geweckt. Diese wird unvermittelt enttäuscht. Mit dieser Auflösung der gespannten Erwartung in Nichts verbindet sich zugleich die Erkenntnis, daß Dionysos eine bewußte Täuschung versucht hat (hoffend, daß der Hund nicht sichtbar würde, um von einem gewaltigen Kampf zu berichten) oder aber so feige ist, daß er mit einem Übermaß an Mitteln auf einen Hund zugestürmt ist – mit dem Ergebnis, daß dieser ihn beißt. Eine versuchte Täuschung offenbar auch der Fall der Keule, ohne aber mit einer gespannten Erwartung verbunden gewesen zu sein. In beiden Fällen aber erweist sich die Idee des Gewichtigen (Ungeheuer/Kampf, mächtige Keule) unerwartet und plötzlich als nichtig.

Figuren, die aus der Rolle fallen
Die Wahrnehmung dieses Phänomens enthält stets ein Moment des Unerwarteten, ebendeshalb, weil die Figuren dem erwarteten Verhalten widersprechen (sie sind unerwartet feige, unbesonnen, aggressiv usw.).

IV. Ausblick

Mit dem Ziel, für den Deutschunterricht in einem ersten phänomenologischen Zugriff Bausteine zur Beschreibung des Komischen in der Komödie zusammenzutragen, haben wir nur sporadisch Bezüge zu den Theorien des Komischen hergestellt. Abschließend sei versucht, den Ort der hier vorgetragenen Thesen näher zu bestimmen und den Kollegen zu ermutigen, sich mit der vielfältigen Literatur zum Komischen auseinanderszusetzen.
In der kaum mehr zu überschauenden Literatur zum Komischen sind, sehr vereinfacht betrachtet, drei Wege beschritten worden, um zu einem Beschreibungsmodell komischer Phänomene zu gelangen.
(1) In ihrem Aufsatz „Drei Lustspiele im Unterricht" stellt sich Renate Bühler die Aufgabe, die „Fülle von Mitteln und Motiven, mit denen das Publikum zum Lachen gebracht wird", am Beispiel von drei Komödien zusammenzustellen. Ihre Schlußfolgerung:

> *„Wenn Shaw dieselben Mittel verwendet wie Aristophanes, so sind es offenbar die ‚Urmittel' des Komischen, die Mittel des Komischen schlechthin, die wir bei Aristophanes finden. Grundsätzlich neue und andere werden kaum noch gefunden, so daß das Motivregister des Aristophanes nahezu vollständig zu sein scheint. Shaws Komik ist reicher als die des Plautus, jedoch nicht so reich wie des griechischen Dichters. In der Fülle der komischen Motive ist Aristophanes unübertroffen."*[22]

Als Mittel im ihrer Auffassung nach begrenzten Arsenal des Komischen führt Bühler auf:
- Gröbere, possenhafte Mittel: Verkleidung, Verwechslung, Prügel, Schimpfen, Verstekken und Belauschen, das Obszöne, Geschlechtliche, die Eßlust;
- Feinere geistige Mittel: Wettstreit, das Nachäffen, die Umkehrung der natürlichen bzw. üblichen Verhältnisse, spöttische Anspielungen, Mißverständnisse, komische Dialoge und Vergleiche.

(2) In seiner „Ästhetik" läßt der Philosoph Nicolai Hartmann die Definitionsversuche des Komischen von Aristoteles, Hobbes, Kant, Jean Paul, Vischer, E. v. Hartmann souverän Revue passieren. Sein Ergebnis entspricht auf kategorialer Ebene demjenigen von Renate Bühler: „Bemerkenswert ist, daß in manchen Hauptpunkten all diese Wesensbestimmungen des Komischen eine gewisse Konvergenz zeigen." Hartmann reduziert die Fülle der Mittel dann auf vier Momente:

> *„Wir haben nunmehr die wesentlichen Momente des Komischen beisammen. Sie haben sich geschichtlich nacheinander eingestellt, ergeben aber erst miteinander das vollständige Bild. Es*

(22) Renate Bühler, Drei Lustspiele im Unterricht. In: Der Deutschunterricht (1966), H. 3, S. 89.

sind: der Widersinn (das phaulóteron, die Schwäche), der Schein des Bedeutenden oder Gewichtigen, der wenigstens zunächst bestehen muß, die Selbstauflösung des Scheines – in ein Nichts, und das Unerwartete.“[23)]

Diese Summe ist sehr hilfreich; mehrere Wesensmomente, die Hartmann herausfiltert, spielen in unserer Beschreibung eine zentrale Rolle. Zugleich verwundert Hartmanns Zusammenfassung unter zwei Aspekten. Hartmann vermeidet – aus Überdruß? – den Begriff des Widerspruchs, der jedoch für die Analyse des Komischen unverzichtbar ist. Hartmann reduziert – als Kantianer – die Dramaturgie des Komischen unzulässig auf die „plötzliche Verwandlung einer gespannten Erwartung in nichts“.[24)]

(3) Die berühmteste und wohl genialste Studie, die dem Komischen gewidmet wurde, stammt aus der Feder von Henri Bergson. Der französische Philosoph verbindet – bezogen auf unsere typisierende Darstellung – den Sinn Renate Bühlers für die Vielfalt und Begrenztheit komischer Phänomene mit dem kategorialen Interesse Hartmanns, wie aus seiner Fragestellung deutlich wird, die an das einleitend von Jean Paul entlehnte Motto erinnert:

“Was haben die Grimasse eines Clowns, ein Wortspiel, eine Verwechslung in einem Schwank, eine geistvolle Lustspielszene miteinander gemein? Wie destillieren wir die immer gleichbleibende Substanz heraus, die so vielen verschiedenartigen Dingen entweder einen aufdringlichen Geruch oder aber ein zartes Aroma verleiht? Seit Aristoteles haben sich die größten Denker in dieses kleine Problem vertieft, und doch entzieht es sich jedem, der es fassen will, es gleitet davon, verschwindet, taucht wieder auf: eine einzige spitzbübische Herausforderung an die philosophische Spekulation.“[25)]

Obwohl Bergson betont, er wolle die „komische Phantasie auf keinen Fall in eine Definition zwängen“, liefert er doch einen Begriff, der die Fülle der komischen Erscheinungen auf eine verblüffend einfache Regelhaftigkeit zurückführt. Auf die für unseren Zusammenhang wichtige Analyse komischer Situationen auf der Bühne bezogen lautet sie:

„Komisch ist jede Anordnung von ineinandergreifenden Handlungen und Geschehnissen, die uns die Illusion von wirklichem Leben und zugleich den deutlichen Eindruck von mechanischen Einwirkungen vermittelt“.[26)]

Der von Bergson hervorgehobenen Regelhaftigkeit unterliegen zahlreiche Phänomene aus unseren Textbeispielen und -erläuterungen: z. B. der Blitz aus dem Himmel und der „Fall“ der Keule. Das Prinzip des Mechanischen ist aber auf die Welt des Komischen nur dann verallgemeinernd anwendbar, wenn man ihm, wie es bei Bergson geschieht, eine Fülle unterschiedlicher Bedeutungen unterlegt. Moral: Nicht allein das Phänomen, sondern auch die Theorie erweist sich zuweilen als Proteus, wodurch man sich aber nicht abschrecken lassen sollte, die Welt des Lachens begrifflich zu erkunden, geschweige denn zu lachen.

(23) Nicolai Hartmann, Ästhetik. Berlin 1953, S. 424.
(24) Immanuel Kant, Kritik der Urteilskraft. In: Kants Werke. Akademie-Textausgabe. Bd. V. Berlin 1968, S. 332 f.
(25) Henri Bergson, a. a. O., S. 11.
(26) ebda., S. 74.

Ernst Jandl/Elfriede Mayröcker

Fünf Mann Menschen (Auszug)

Szene 5
Berufsberatung

SPRECHER : **Der Mann, der euch nicht schuf,**
rät euch zum Beruf.

BB1–5 Pos. 1–5
JM1–JM5 Pos. 1–5
Der Text des Berufsberaters (BB) wird von einem einzigen Sprecher fünfmal möglichst gleichartig und im gleichen Tempo gesprochen. Diese fünf Aufnahmen rollen möglichst synchron auf den Pos. 1–5 ab, wobei die entstehenden Abweichungen das Verständnis des Textes nicht beeinträchtigen dürfen.
Nach Pausen setzt die 5fache Stimme BB1–5 jeweils synchron ein.
Die Stimmen von BB und JM erklingen aus den gleichen Positionen, 1–5, wobei jeweils BB und JM einander auf knappe Entfernung – etwa durch ein Pult getrennt – gegenüber gedacht sind.

JM1–JM4 *(nicht ganz synchron)*
: Ja

JM5 *(gleichzeitig)* : Oja.

BB1–5 : – will natürlich ein jeder gern, aber die Wirtschaft braucht, die Wirtschaft braucht, die Wirtschaft braucht, und ihr sollt dabei verbraucht werden, verbrauchte Verbraucher. Verbrauchte Bergleute verbrauchen verbrauchte Zahnärzte, die von verbrauchten Klempnern verbraucht werden, die verbrauchte Platzanweiser verbrauchen, während verbrauchte Dachdecker verbrauchte Dächer mit verbrauchten Weidmännern decken . . .
Nur noch die Wirtschaft sagt, wer wann wo wie wirklich gebraucht wird und wie lange obendrein, und wie lange obendrein ist besonders wichtig, denn wir wollen ja nicht in zehn Jahren ein Heer von arbeitslosen Keramikern haben, eine Armee von Millionen arbeitslosen Palmisten, einen Heuschreckenschwarm von arbeitslosen Mesnern und Eintänzern, und dann diese Millionen vielleicht umschulen müssen in eine Million Butler und eine Million Tierbändiger und in ein Millionenheer von Buchmachern und Kajütenjungen . . .
– das Glied, Sinne, in einem gewissen Sinne, sind wir nämlich, das Glied, nämlich zwischen der Wirtschaft und denen, die die Wirtschaft braucht, euch also, die Jungen, die nach uns –

(vertraulich) – weißt denn was d' willst?

JM1 : Rennfahrer.

JM2 : Meine Mutter hätt' halt gern,
wenn ich ein Priester werdet;
würt aber ender ein Chemiker.

JM3 : 's gleiche wie mein Bruder:
Flieger; is schon gestorbn.

JM4 : Wenn ich weil ich nämlich immer schon
gern zeichnet hab ein Grafiker.

JM5 : Was kann man denn heut schon werden?
Ein Elektrotechniker halt.

BB1-5 : – so ist's recht! Wollen muß man können, damit man lernen kann, was man eigentlich will: man muß, also will man auch; man kann nicht anders, deshalb will man; man will einfach, weil man will;

(verschmitzt) : wollen wollen; – darauf kommt's an!

(vertraulich) : – was hast denn gelernt?

JM1 : Kann ein Lied singen.

JM2 *(singt)* : Alles neu macht der Mai.

JM3 : Ein Gedicht gelernt.

JM4 : Und Minz und Maunz die Katzen
die reiben ihre Tatzen.

JM5 *(pfeift 2 langgezogene melancholische Töne, legato)*
: – pfeifen.

BB1-5 : Universitäten, Hochschulen, mein Gott, wie oft hab ich davor gekniet ... Mir ist es nicht anders als euch ergangen und den meisten: grade noch aufs Gymnasium, ein Gedicht lernen ... ein Lied ... pfeifen –

(BB1-5 pfeift die beiden Töne von JM5 nach)

BB1-5 : – und seht mich jetzt an: bin doch schließlich was geworden! Durch mich spricht die Wirtschaft, durch die Wirtschaft die Gesellschaft, durch die Gesellschaft das Volk, durch das Volk die Welt, und sagen euch, was ihr werden werdet, und werdet es wollen wollen, und davon verbraucht werden:

BB1-5 *(in gleichmäßigen Taktschlägen, laut, ohne sich von den Zwischenrufen des JM1-JM5 unterbrechen zu lassen)*
: Tapezierer!
Sattler!
Markthelfer!
Kanalräumer!
Korbflechter
Gefängniswärter!
Parkwächter!
Abortwart!
Straßenreiniger
Bügler!
Heizer!
Skontist!
Fußpfleger!
Möbelträger!
Pfandleiher!
Schulwart!

JM1 *(in grotesker Verzweiflung, rasch, schreiend)*
: **Ich wär halt gern ein Tischler gewordn**
Plasterer!
Mann vom Müll!
Peitschenbube!
Schnapsbrenner!
Köhler!
Melker!
Friseur!
Krankenpfleger!

JM2 *(wie oben)* : **Ich wär halt gern ein Doktor gewordn**
Hühnerzüchter!

Schuhputzer!
Prügler!
Schausteller!
Messerwerfer!

JM3 *(wie oben)* : **Ich wär halt gern ein Croupier, ein Croupier**
Träger!
Jaucher!
Koch!
Seifner!
Schweißer!
Schweizer!
Polier!
Artist!
Schächter!
Fotograf!
Gärtner!

JM4 *(wie oben)* : **Ich wär halt gern ein Astronaut geworden**
Skilehrer!
Bergführer!
Sargtischler!
Nagelschmied!
Wagner!

(JM5 *(wie oben weitersprechend parallel zu BB, bis „Kunstreiter")*
: **Ich wär halt gern**

Töpfer!	**so ein Automechaniker**
Hafner!	**so ein Automechaniker**
Leichenwäscher!	**so ein Automechaniker**
Butterer!	**so ein Automechaniker**
Totengräber!	**so ein Automechaniker**
Badewart!	**so ein Automechaniker**
Kunstreiter!	**so ein Automechaniker**
Berufsberater!	

Fünf Mann Menschen (mit F. Mayröcker)

aus: E. Jandl – F. Mayröcker, Fünf Mann Menschen.
Hörspiele. Luchterhund Typoskript.
Luchterhand Verlag, Neuwied 1971

Dieter Hensing

„Das Jahrmarktsfest zu Plundersweilern"

Die Absichten von Goethe und Hacks

Daß ein heutiger Schriftsteller Goethes „Jahrmarktsfest zu Plundersweilern" einer Bearbeitung unterzieht, um es für die Gegenwart zu adaptieren, mag verwundern. Was den Reiz des Stückes ausmachen könnte, ist jedenfalls nicht ohne weiteres einzusehen. Goethe schrieb seine Farce in der ersten Fassung von 1773 offensichtlich eher als eine Gelegenheits- denn als eine Hauptarbeit und verfolgte mit ihr mehr pragmatische als literarische Ziele. Er bediente sich des nicht ungebräuchlichen Motivs des Jahrmarktstreibens und der altertümlichen Form des Schwanks in Knittelversen, um Personen und Geschehnisse aus seiner und der Umgebung seiner Freunde, aus der Frankfurter wie aus der Darmstädter Szene zu parodieren. Das Stück, weniger zur Aufführung als zur Lektüre und zum Vortrag bestimmt, beschränkt sich von selbst auf ein engeres zeitgenössisches Publikum, das die Anspielungen durchschaut und daran seinen Spaß oder seinen Ärger hat. Auch in der erweiterten Fassung von 1778, mit der Goethe den Text für eine Liebhaberaufführung am Weimarer Hof einrichtete, wird das Stück für die heutige Zeit nicht sonderlich interessanter. Am stärksten änderte Goethe die eingelagerte Esther-Geschichte. Aus den zwei kurzen Szenen von 1773, die darauf angelegt waren, in den Figuren Haman und Mardochai bestimmte Haltungen eines atheistischen Rationalismus und einer pietistischen Empfindsamkeit zu verspotten, und zwar derart, daß die Darstellung auf ganz bestimmte Personen zielte, wird 1778 eine Alexandrinertragödie, in der die Tradition dieser Gattung, ihre Form und die in ihr schematisierten Haltungen persifliert werden. Inhaltlich tritt jetzt der Gegensatz der Perser und der Juden stärker hervor und verschiebt sich das Thema ins Religiös-Politische. Doch auch in dieser Gestaltung bleibt der Text stofflich wie formal nachdrücklich zeitbezogen und damit auch in seinen parodistischen Mitteln und Effekten stark zeitabhängig. Für eine adaptierende Bearbeitung scheint das Werk kaum Anhaltspunkte zu bieten.[1]

Was Peter Hacks dennoch zu einer Beschäftigung mit Goethes Farce bewogen hat, wird von ihm selbst in einem kurzen Kommentar zum Stück zunächst nur sehr allgemein angedeutet: „Wie alle meine Bearbeitungen entstand auch die des ‚Jahrmarktsfestes' aus dem Zusammenfallen einer alten Neigung zum Stück, einem Mangel an ihm und einem handgreif-

(1) Für die hier erforderlichen Angaben zu Goethes Farce genügen die Hinweise bei Martin Stern: Die Schwänke der Sturm-und-Drang-Periode: Satiren, Farcen und Selbstparodien in dramatischer Form. In: Walter Hinderer (Hrsg.): Goethes Dramen. Neue Interpretationen. Stuttgart 1980. S. 23–40. Vgl. bes. S. 29. Vgl. auch die Kommentare von Ernst Beutler in der Artemis-Gedenkausgabe Bd. 4. S. 1027–1030, oder von Albert Köster in der Cotta'schen Jubiläumsausgabe Bd. 7, S. 347–356.

lichen Theaterbedarf."[2] Aufschlußreicher sind die Bemerkungen zum Verlauf der Bearbeitung.[3] Hacks versichert, er habe anfangs „ausschließlich den fehlenden dritten Akt ergänzen" wollen. Tatsächlich macht Goethes Text, vor allem die Esther-Geschichte, den Eindruck, nicht wirklich zu Ende geführt zu sein. Aus der einfachen Ergänzung aber wurde mehr: „Dann verspürte ich ein Bedürfnis nach mehr Spaß, also mehr Ernst; ich änderte hier und verwarf da, bis mir unter der Hand von Goethes Schnurre wenig mehr übrig blieb." Über die Ergänzung hinaus ergab sich also eine eingreifende Bearbeitung des Parodistischen. Wie wenig aber auch diese Bearbeitung vom Stück übrigließ, sie führte nicht von ihm weg, sondern trug „überraschenderweise" gerade durch die Verwandlung zu seiner Verwirklichung und Vollendung bei. Indem sich Goethes Schnurre auflöste, entstand „an ihrer Stelle", wie es heißt, „eine Sache, die Goethe anfangs einmal im Sinn gehabt hatte." Hacks behauptet damit nichts Geringeres, als daß er mit seiner Bearbeitung zur Rekonstruktion und Neugestaltung jener Idee vorgedrungen sei, die Goethes eigentlichen Ausgangspunkt gebildet, sich im Stück selber aber nicht ausreichend entfaltet habe. Die eingreifende und weitgehende Bearbeitung, so will er sagen, war nicht beabsichtigt, sondern wurde notwendig. Sie ist nicht willkürlicher Umgang mit Goethes Stück, sondern gerade dessen Inachtnahme. Auch der Titel des Kommentars, „Warum ich für nichts kann", soll offensichtlich diesen Umstand betonen.
Hacks' Bemerkungen zur Bearbeitung des „Jahrmarktsfestes" stehen nicht für sich. Sie setzen andere, vor allem prinzipiellere Äußerungen zu Absicht und Verfahren des Bearbeitens voraus. Schließlich ist Hacks' Schreibweise so gut wie im ganzen eine des Bearbeitens. Erst in diesem größeren Zusammenhang verdeutlicht sich der Vorgang, wie Hacks ihn für das „Jahrmarktsfest" beschreibt und klären sich eine Reihe weiterer Fragen. So verrät z. B. der Kommentar zur Bearbeitung von Goethes Stück kaum etwas von Adaption. Man könnte zu dem Urteil kommen, Hacks habe hier gerade nicht eine aneignende, sondern eine puristisch rekonstruierend-vervollkommnende Bearbeitung angestrebt.

Gedankliche Voraussetzungen bei Hacks

Zur gedanklichen Grundlage von Hacks' geschichtlichen und poetischen Vorstellungen gehört die Überzeugung, daß der Marxismus-Sozialismus diejenige Auffassung von Mensch und Welt vertritt und zu verwirklichen trachtet, die mit der Welt von vornherein intendiert gewesen ist, an der aber alle bisherigen gesellschaftlichen Systeme, letztlich das bürgerlich-kapitalistische, versagt haben. Es gibt in der DDR-Literatur eine Reihe von Beispielen, in der diese Überzeugung recht plakativ Ausdruck gefunden hat. So behandelt z. B. Erwin Strittmatter in seiner Erzählung „Kraftstrom" die technischen und gesellschaftlichen Fortschritte auf dem Lande als einen Schritt der Erfüllung des Schöpfungsgebotes: Machet Euch die Erde untertan[4], und stellt Franz Fühmann in seiner Erzählung „Die Schöpfung" den Sieg einer (sozialistischen) Partisanengruppe über faschistische Aggressoren im Schema der Schöpfungswoche dar, an deren sechstem Tag der endgültige Sieg die Entstehung

---

(2) Peter Hacks: Warum ich für nichts kann. Zu „Das Jahrmarktsfest zu Plundersweilern" (1973). In: P. H.: Die Maßgaben der Kunst. Gesammelte Aufsätze. Düsseldorf 1977. S. 386–387. Auch abgedruckt in der Textausgabe dtv neue reihe Bd. 6329. S. 61–63. Vgl. den Abschnitt I.
(3) Vgl. zum Folgenden den Abschnitt II des Kommentars.
(4) Diese Erzählung aus den 60er Jahren findet sich in dem Sammelband: Ein Dienstag im September. Berlin-Weimar 1969.

des neuen Menschen bedeutet.[5] Hacks ist von einer so direkten Darstellungsweise weit entfernt. Für ihn kommt die Wahrheit des sozialistischen Welt- und Menschenbildes darin zum Ausdruck, daß ihr Grundgedanke die Geschichte und die Literatur von den mythischen Anfängen der Menschheit an als eine deutlich erkennbare Konstante durchzieht. Als besonderer Beweis gilt ihm, daß sich gerade diejenigen Mythen und diejenigen literarischen Werke, die etwas von dieser Wahrheit in sich tragen, durch die Zeiten hin als bleibend bedeutsam erwiesen haben. Solche Zeugnisse nennt er „klassisch". Die Substanz eines klassischen Textes besteht darin, daß „in der seinerzeitigen Gültigkeit die überzeitliche enthalten" ist.[6] Gegenstand des Interesses an solchen klassischen Zeugnissen ist dieser Doppelaspekt von Historischem und Transhistorischem. Das Historische interessiert, insofern es das Transhistorische bezeugt, das Transhistorische interessiert, insofern es als die Konstante des Historischen erkennbar wird. Klassisch also sind diejenigen Zeugnisse, in denen sich die Wahrheit des sozialistischen Welt- und Menschenbildes immer schon als die Wahrheit aller Geschichte erwiesen hat. Und damit ist Erkenntnis der Klassizität eines Textes zugleich seine Adaption.[7]
Hieraus folgt, daß Bearbeiten nicht heißen kann, das historisch Besondere eines Stückes oder Stoffes zu eliminieren oder ins Gegenwärtige zu verwandeln. Das Überzeitliche soll als durchgehende Konstante gerade im Historischen ersichtlich werden. Dies dürfte erklären, warum Hacks Goethes Farce zunächst nur ergänzen, nicht aber ändern wollte; die gesellschaftlich-historische Situation sollte durchaus erhalten bleiben. Erst als sich erwies, daß ihre Darstellung nicht ausreichend verwurzelt war, mußte eingegriffen werden, jedoch zu keinem anderen Zweck, als zu verwirklichen, was in der Ausführung steckengeblieben war. Der Versuch, Jahrmarkt und „Ur-Jahrmarkt" zur Übereinstimmung zu bringen, ist das Bemühen, die zeitlich-überzeitliche Klassizität des Werkes zu vollenden. – Übrigens versteht sich, daß Hacks' Bearbeitung, so sehr sie sich als Rekonstruktion und Vollendung von Goethes Farce ausgibt, als eine Interpretation angesehen werden muß, die an das Vorverständnis des Klassischen und des ihm zugrundeliegenden Geschichtsbildes gebunden ist. Daß Hacks an Goethes Stück einen „Mangel" empfindet, den er zu beheben trachtet, ist kein zufälliger Umstand. Vielmehr gehört das Gefühl eines Mangels – wie am Anfang des Kommentars zum „Jahrmarktsfest" auch gesagt wird – zum Anlaß aller Bearbeitungen. Das ist kein unwichtiger Hinweis. Man könnte sich nämlich fragen, warum klassische Zeugnisse überhaupt einer Bearbeitung bedürfen. Schließlich haben sie ihre spezifische zeit-

(5) Die Erzählung ist zwischen 1954 und 1965, vermutlich aber noch während der 50er Jahre, nämlich unter dem Motto der „Abrechnung" entstanden. Sie findet sich im Sammelband: König Ödipus. Berlin-Weimar 1966.
(6) Maßgaben S. 202.
(7) Hacks' Theorie des Klassischen kommt notwendigerweise in beinahe allen Abhandlungen über ihn zur Sprache. Vgl. von den Gesamtdarstellungen bes. Peter Schütze: Peter Hacks. Ein Beitrag zur Ästhetik des Dramas – Antike und Mythenaneignung. Kronberg 1976. (= Lit. im hist. Prozeß, 6.) S. 68–75, aber auch passim. Vgl. auch Winfried Schleyer: Die Stücke von Peter Hacks. Tendenzen – Themen – Theorien. Stuttgart 1976. (= Lit.wiss. – Ges.wiss., 20.) S. 110–144. Die Darlegungen von Gertrud Schmidt: Peter Hacks in der BRD und DDR. Ein Rezeptionsvergleich. Köln 1980. S. 179–210, verfehlen m. E. das zentrale Anliegen von Hacks' Klassikbegriff vollständig. Hacks' Bemühungen um das Klassische erscheinen ihr gerade als Ausdruck eines sich in falsche, undialektische Widersprüche verwickelnden Denkens, derart daß Individuum und Gesellschaft, Aufklärung und Klassik, Kunst und Wissenschaft auseinanderfallen (vgl., bes. deutlich, S. 195/196). – Umstritten ist Hacks' Theorie in der DDR, und zwar als Problem des „Realismus". Vgl. die vorsichtige Behandlung bei Christoph Trilse: Peter Hacks. Das Werk. 2. Aufl. Berlin (West) 1981. Bes. S. 50 ff., 62 ff., 183.

lich-überzeitliche Gültigkeit durch die Zeiten hin und also über gesellschaftliche Wechsel hinweg erwiesen und bewährt.[8] Tatsächlich schränkt Hacks Bearbeitungen auf bestimmte Fälle klassischer Werke ein. In einem Beitrag von 1975[9] wendet er sich ausdrücklich gegen das allzu eilfertige Revidieren von Klassikern und betont dabei: „Zur Vollkommenheit eines Kunstwerks gehört, daß es nichts an sich hat, was es nicht in sich hat und herzugeben in der Lage ist" (S. 206). „Ein Drama errichtet eine Welt, und vollständig. Es teilt ja also doch natürlich auch sein innewohnendes Wertgefüge mit. Was als Einzelstelle irreführend wäre, rückt sich im Gesamtzusammenhang wieder zurecht" (S. 207). Es gibt im Grunde nur eine einzige Indikation, die zu einer revidierenden Bearbeitung berechtigt: der Mangel der Unfertigkeit. Wenn ein Schriftsteller bei Lebzeiten ein Werk unabgeschlossen weglegt, „hat er nicht etwa nur die Lust verloren, er hat es nicht beenden können. Er hat im Ansatz geirrt und genügend Spürsinn besessen, den Irrtum, spät aber noch rechtzeitig, zu erkennen." In solchen Fällen gilt es, den falschen Ansatz auszumitteln und das Stück derart neu zu verwurzeln, daß es sich zu Ende führen läßt (S. 208).
Diese Bemerkungen decken sich deutlich mit denen zum „Jahrmarktsfest", und sie machen klar, daß es sich bei der Bearbeitung, wie sie dort erfolgt, um das allgemeine Bearbeitungsprinzip von Hacks handelt, das aber, wie hinzugefügt werden muß, unter der Vorgabe von Rekonstruktion und Vollendung ein ganz bestimmtes geschichtsperspektivisches Interpretationsmuster ist.[10]

Wirklichkeit in der komischen Vorstellung

Die geschichtliche Konstante, von der Hacks immer wieder spricht, ist zu verstehen als die Konstante eines dialektischen Prozesses. Als Vorstellung von der humanisierten Welt und dem emanzipierten Menschen ist sie ein niemals endgültig zu erreichendes Ideal, das aber in seinem bleibenden Widerspruch zur Wirklichkeit gerade das unendliche Bewegungsprinzip ist, das jede Gegenwart über ihre Unzulänglichkeit hinaustreibt und so den allmählichen, wenn auch unabschließbaren Fortschritt der Geschichte bewirkt. Als unendliches Bewegungsprinzip ist der dialektische Widerspruch letztlich das Prinzip der Vollkommenheit selber. Vollkommenheit ist nur vorstellbar als Prozeß, nicht aber als Zustand.
Hacks hat diese unverkennbar auf Hegel rekurrierende Dialektik in der ihm eigenen poetischen Anschauungsweise als das die Geschichte von Anbeginn prägende Prinzip sichtbar zu machen versucht. Wie er mythische oder historische Stoffe oder deren literarische Gestaltungen als Zeugnisse bestimmter Momente des Geschichtsprozesses deutet und adaptiert, so hat er die biblischen Erzählungen von Schöpfung und Sündenfall als große mythische Bilder des dialektischen Prinzips selber begriffen. Schöpfung und Sündenfall sind die Setzung des Widerspruchs der Gott innewohnenden Bewegung. Im Kommentar zur Bearbeitung „Adam und Eva" (1972) heißt es vom Bild des Sündenfalls und der Vertreibung aus dem Paradies:

„Es zeigt die Undenkbarkeit eines vollkommenen Zustands. Ein vollkommener Zustand wäre mit Notwendigkeit einer, der auch sein Gegenteil in sich enthielte; ein solcher aber würde

(8) Eine hundertjährige Wirkungsgeschichte gehört für Hacks zum Erweis der klassischen Bedeutung. Vgl. Maßgaben S. 202 und 308.
(9) Über das Revidieren von Klassikern. In: Maßgaben S. 197–213.
(10) Zu den Bearbeitungsgrundsätzen von Hacks finden sich in Kritik und Forschung noch kaum genauere Darlegungen. Vgl. bei Schütze am ehesten S. 95–101, 115–123. Bei Trilse S. 154–156.

das Bedürfnis haben, sich zu bewegen. Daher gehört Bewegung zum Höheren zur Vollkommenheit. Eine vollkommene Bewegung geht zu denken, nicht ein vollkommener Zustand.“[11)]
An einer anderen wichtigen Stelle, im Vorwort der „Ansätze zu einer postrevolutionären Dramaturgie“ formuliert Hacks bereits etliche Jahre vorher (1966) programmatisch:

„Der Verfasser meint, daß auch die beste aller wirklichen Welten einen Fehler behalten muß: den, daß sie schlechter ist als die beste aller möglichen Welten. Gegenstand der jüngsten Kunst, glaubt er, ist das Verhältnis der Utopie zur Realität. Die Utopie hat keine andere Weise zu existieren als in einer sich zu ihr hin entwickelnden Realität; indem sie so existiert, existiert sie schon nicht mehr als solche. Der einzige der Realität erreichbare Zustand von Vollkommenheit ist der Prozeß des sich Vervollkommnens, also ein unvollkommener Zustand.“[12)]

Hacks' Auffassung von der Dialektik der Geschichte ist Grundlage und Voraussetzung seines Verständnisses vom Komischen und vom Tragischen. Nach diesem Verständnis kann Geschichte nurmehr komisch, nicht aber tragisch begriffen werden. Die tragische Vorstellung auswegloser Widersprüche entstammt einem vordialektischen Geschichtsbewußtsein und muß als überholt gelten:

„Die Opfer der antagonistischen Widersprüche, die schicksalhaft scheiterten, weil sie keinen Ausweg sehen konnten, — wirken sie für uns nicht alle ein bißchen kurzsichtig? Folgt Tragik allein aus der geschichtlichen Konstellation des Vorgangs, oder folgt sie nicht vielmehr aus dem geschichtlichen Bewußtsein des Beschreibers?“[13)]

Zwar ist auch der dialektische Widerspruch unaufhebbar, aber er bewirkt als Bewegungsprinzip der Geschichte gerade deren Fortschritt, bedeutet also weder Scheitern noch Ausweglosigkeit.
Angemessener als die tragische ist die komische Vorstellung. Sie erfaßt die Wirklichkeit in ihrem unaufhebbaren Widerspruch zur Utopie als das ewig Unzulängliche, aber auch als das ewig Verbesserungswürdige und Verbesserungsmögliche. Sie bezieht das Historische auf die überhistorische Konstante und zeigt im Erreichten das noch nicht Erreichte. Das komische Lachen macht den Abstand zur Utopie bewußt und schärft die dialektische Denkweise. In diesem grundsätzlichen Sinne sind alle Stücke von Hacks Komödien. Ihre Basis ist die dialektisch-komische Perspektive.
Als besonders bezeichnend darf angesehen werden, daß gerade auch jenes Stück, in dem die uranfängliche Gegebenheit des dialektischen Prinzips veranschaulicht wird, die Bearbeitung des Sündenfalls, als Komödie konzipiert ist:

„Sobald wir, im Denken oder Tun, in die wirkliche Welt eintreten, betreten wir das Reich, wo es dialektisch hergeht. Die Paradiesgeschichte, dies große Bild vom Anfang des Menschen, ist vom Verfasser ausgelegt worden als das große komische Bild vom Betreten der wirklichen Welt.“[14)]

---

(11) Maßgaben S. 384. – Zu der in „Adam und Eva“ veranschaulichten Dialektik vgl. Peter Schütze S. 175–183 und Christoph Trilse S. 224–233.
(12) Maßgaben S. 48.
(13) Maßgaben S. 134. – Die Form, in der das Tragische allenfalls möglich ist, zeigt das Schauspiel „Prexaspes“ (1976), das Hacks im Kommentar eine „Beamtentragödie“ nennt (Maßgaben S. 353 und 356). Das Tragische ist hier ein notwendigerweise antagonistisches Verhältnis zur Geschichte, fördernd und hemmend zugleich, das aber nur dieses Verhältnis zur Geschichte und nicht die Geschichte an sich betrifft. Dem entspricht die standpunktliche Wertung: „Prexaspes empfindet sein Schicksal als tragisch, das Publikum minder.“ (ebd. S. 358).
(14) Maßgaben S. 384. – Die Frage des Komischen und der Komödie kommt wie die des Klassischen unumgänglich in allen Darstellungen zu Hacks zur Sprache. Bei Winfried Schleyer findet sich ein ei-

Hacks setzt sich mit der Frage der Dialektik und der Komik gerade von jenem Augenblick an auseinander, als sich mit der sogenannten „Ankunft“ im Sozialismus die geschichtliche Situation und mit ihr die Frage der Widersprüche ändert. Man ist überzeugt, die Grundlagen des Sozialismus entwickelt und mit dem Faschismus und der bürgerlichen Ideologie „abgerechnet“ zu haben. Man betont das Erreichte und will es festigen. Man fordert „Bewährung“, die Behebung restlicher Konflikte und eine weitere „Entfaltung des entwickelten Sozialismus“. Dialektischer Reflexion ist diese Einstellung wenig günstig. Zudem hat man sich während der 50er Jahre, im Zuge der „Abrechnung“, auf die antagonistischen Widersprüche konzentriert, so daß man von der Frage der andersartigen, nicht antagonistischen, dialektischen Widersprüchlichkeit, in die auch der Sozialismus in seiner jeweiligen Erscheinungsform einbezogen ist, abgelenkt ist. Der Rückstand der Reflexion wird erst sehr allmählich aufgeholt und bleibt auch während der 70er Jahre noch ein Problem.[15]
Hacks stellt 1976 die Frage nach dem Fortschritt in der Kunst und konstatiert:

„Aber eben das Leidliche an unserer Kunst ist das Unleidliche. Wir neigen dazu, vom Erreichten zu handeln, statt vom Erreichbaren oder vom Unerreichbaren; wir sind zufrieden. Woran es uns mangelt, ist die zwingende Notwendigkeit, vorzugreifen.“[16]

Dieser Kritik entspricht, daß umgekehrt in der großen Literaturgeschichte der DDR von 1976 (Redaktionsschluß Okt. 1974) Hacks' Dialektik der Geschichte kritisch als „der glücklose Weg zum Glück“ apostrophiert wird und ihm die Vorstellung „einer nie restlos realisierbaren Forderung nach Vervollkommnung“ bzw. die eines Ideals, das „als solches selbst unvollkommen“ ist, nicht recht abgenommen wird.[17] Wenn Hacks also seine Auffassung von geschichtlicher Dialektik und Komik und eine demgemäße Dramaturgie gerade seit Anfang der 60er Jahre genauer entwickelt – er hat eine Reihe von Aufsätzen aus den Jahren

---

genes Kapitel zur Komödie (S. 145-182). Bei Schütze und Trilse durchzieht der Aspekt die gesamte Erörterung. Bei Schütze kommt er vor allem dort zu seinem Recht, wo an einer Auswahl von Stücken (S. 95 ff.) auf deren dialektischen Charakter eingegangen wird. Bei Trilse kommt das Komische in seiner grundsätzlichen Bedeutung und Funktion weniger zur Geltung. Das zeigt schon die erste Kennzeichnung des Komödienkonzepts (S. 49-50). Ausweichend sind auch die Darlegungen von Hermann Kähler: Überlegungen zu Komödien von Peter Hacks. In: Sinn und Form 24 (1972) S. 399-423. (Zum Problem der Rezeption und Wertung der Hacks'schen Dialektik und Komik in der Literaturkritik der DDR vgl. die folgenden Bemerkungen.) Zentrale Gesichtspunkte des Komischen weist demgegenüber Uwe-K. Ketelsen im Rahmen seiner Interpretation des „Moritz Tassow“ auf, in: Die deutsche Komödie. Walter Hinck (Hrsg.). Düsseldorf 1977. S. 342-359. – Als eine dem Hacks'schen Begriff von Komik gemäße theoretische Reflexion läßt sich heranziehen: Walter Hinck: Die Komödie zwischen Satire und Utopie. In: Reinhold Grimm – W. Hinck: Zwischen Satire und Utopie. Zur Komiktheorie und zur Geschichte der europäischen Komödie. Frankfurt 1982. (= suhrk. tb. 839.) S. 7-19. Satire und Utopie als einander bedingende Elemente des Komischen, das entspricht durchaus dem Ansatz von Hacks.

(15) Ein interessantes Dokument ist der Band: Literatur und Geschichtsbewußtsein. Entwicklungstendenzen der DDR-Literatur in den 60er und 70er Jahren. Manfred Diersch und Walfried Hartinger (Hrsg.). Berlin-Weimar 1976. Der von Hartinger in seinem ausführlichen einleitenden Beitrag beschriebene Prozeß der Verzögerung läßt erkennen, daß sich das dialektische Bewußtsein zwar entwikkelt, daß es aber die Neigung behält, sich mehr auf die Haltung zum Sozialismus als auf diesen selbst zu beziehen. – Vgl. von westlicher Seite den Beitrag von Dietrich Steinbach: Die neuere Literatur der DDR. Probleme, Tendenzen, Konstellationen. In: DU 30 (1978), H. 2, S. 100-118. Steinbach hebt für die Zeit ab 1965 die zunehmende Problematisierung und Krise des Geschichts-und Wirklichkeitsverständnisses als eine der Leitfragen der Periode hervor.

(16) Der Fortschritt in der Kunst. In: Maßgaben S. 245-263. Zitat S. 258/259.

(17) Geschichte der Literatur der Deutschen Demokratischen Republik. Von einem Autorenkollektiv. Berlin (Ost) 1976. (= Gesch. der dt. Lit. von den Anfängen bis zur Ggw. Bd. 11.) S. 656, 658, 660. Vgl. auch die Bem. in Anm. 14 zu Trilse und Kähler.

1958–1966 unter dem kennzeichnenden Titel „Das Poetische. Ansätze zu einer postrevolutionären Dramaturgie“[18] gebündelt –, ist das zugleich als eine kritische Auseinandersetzung mit dem Mangel an dialektischem Bewußtsein während jener Zeit zu werten. Damit ist eine zweite Schicht des Komischen in seinen Stücken berührt. Die erste ist die dialektisch-komische Perspektive, in der jeder historische Moment, also auch der Sozialismus der Gegenwart, in seiner geschichtlich bedingten und insofern unvermeidlichen Unzulänglichkeit erscheint. Die zweite Schicht bezieht sich auf eine zusätzliche Unzulänglichkeit, die dadurch entsteht, daß die Situation eines historischen Augenblicks hinter dem zurückbleibt oder das verfehlt, was sie zu jenem Zeitpunkt sein könnte und also sein müßte. Das zusätzliche Unzulängliche ist im Sozialismus der 60er Jahre für Hacks vor allem der Mangel an dialektischem Bewußtsein. Mit diesem Mangel droht der Sozialismus die erreichte Position zu verfälschen und den erforderlichen geschichtlichen Fortschritt zu hemmen.[19]

Erst auf dieser zweiten Ebene kann von einem Fehler oder Mangel im Sinne einer vermeidbaren Verfehlung die Rede sein, so daß hier das kritische Element des Komischen, das Satirische, zunimmt und über das Lachen hinaus ein Verlachen hervorruft. Das Satirische der zweiten Schicht kann sich aber auch mildern zum Humor, je nachdem, wie gewichtig die Verfehlung ist und wie versöhnlich sie beurteilt werden kann.[20]

---

(18) Maßgaben S. 45–161. Aus dem Vorwort wurde oben eine programmatische Formulierung der Dialektik bereits zitiert. – Aufschlußreich ist auch der 1961/1962 und 1966 geschriebene Beitrag: Ekbal, oder: Eine Theaterreise nach Babylon, in dem ein „wahres“ und ein „wahrliches“, ein bewegtes/bewegendes und ein statisches/bestätigendes Theater unterschieden werden.

(19) Eine in ihrer Wertung besonders interessante Stellungnahme ist die des DDR-Kritikers Hans-Georg Werner: Überlegungen zum Verhältnis von Individuum und Gesellschaft in den Stücken von Peter Hacks. In: Judith R. Scheid (Hrsg.): Zum Drama in der DDR: Heiner Müller und Peter Hacks. Stuttgart 1981. (= LGW-Interpretationen, 53.) S. 114–145. (Vorher in: WB 20, 1974, H. 4, S. 31–67.) Werner versteht in der Figurenkonstellation des „Moritz Tassow“ (geschr. 1961, uraufgef. 1965) Mattukat als den eigentlichen Dialektiker, Tassow als anarchischen Utopisten und Blasche als bewegungsfeindlichen Administrator des Erreichten. Den Umstand jedoch, daß nicht Mattukat zur bestimmenden Kraft der weiteren Entwicklung wird, sondern Blasche die Macht übernimmt und Tassow seinen Utopismus ins Dichterische verflüchtigt, wertet er nicht als kritische Warnung vor einer Fehlposition, bei der statt der Dialektik der Widerspruch einer falschen Alternative zum Zuge kommt, sondern als Ausdruck eines fragwürdigen Alternativdenkens von Ideal und Realität bei Hacks selber. Hacks vertrete in der Gestalt Tassow „den totalen Lebensanspruch der emanzipierten Individualität“ (S. 134) gegenüber der geschichtlichen und gesellschaftlichen Realität. Was m. E. ein von Hacks erhobener Vorwurf ist, wird von Werner als Mißverständnis des Autors Hacks beurteilt: „Schließlich verdeckt die Antithese Tassow-Blasche, daß staatliche Administration und individuelle Emanzipation im Sozialismus aufeinander angewiesen sind“ (S. 134). Allerdings ist zur Frage der Deutung zu bemerken, daß bei Hacks' Figurenkonstellationen zwei Aspekte zu berücksichtigen und zu unterscheiden sind, nämlich der Aspekt der grundsätzlichen Dialektik von Realität und Utopie und der zusätzliche kritische Aspekt hinsichtlich einer in sich selbst rückständigen Gegenwart. Der grundsätzliche Gesichtspunkt ist m. E. in Gestalt und Haltung Mattukats realisiert, Werner sieht ihn – aber dann als unzureichend – im Gegenüber Blasche-Tassow intendiert. Ähnlich wie für den „Tassow“ beurteilt Werner auch die Figurenkonstellationen der folgenden Stücke. Erst für „Adam und Eva“ spricht er das Urteil angemessen dargestellter Dialektik aus (vgl. S. 143–145). Zu dieser Urteilsbildung ist zu beachten, daß Hacks in „Adam und Eva“ das dialektische Prinzip an sich zu veranschaulichen versucht hat, ohne besonderen Zeitbezug und also auch ohne eine zusätzliche kritische Zweitperspektive. Damit entfällt für die Deutung das Problem des zweifachen Aspekts. – Trilse deutet die Figurenkonstellation des „Tassow“ zunächst so wie Werner, stellt dann aber deutlicher die Frage, warum am Ende nicht eine Gestalt wie Mattukat, sondern der merkwürdige Gegensatz Blasche-Tassow übrigbleibt (S. 146–150). Trilse beläßt es dann aber bei vorsichtigen Vermutungen, ohne den möglichen kritischen Impetus von Hacks wirklich zu erwägen.

(20) Walter Hinck nennt Satire und Utopie die Elemente des Komischen und Satire und Humor die

Die Bearbeitung

Als Hacks Goethes „Jahrmarktsfest zu Plundersweilern" bearbeitete, glaubte er auszuführen, was Goehte „anfangs einmal im Sinn gehabt", aber nicht recht zustande gebracht hatte. In einer kurzen Umschreibung des zugrundeliegenden Plans heißt es im Kommentar zum Stück:

„Der Ur-Jahrmarkt zeigt den lächerlichen Kampf der veramteten Aufklärung mit der vergammelten Empfindsamkeit. Meiner handelt eigentlich von nichts anderem. Er zeigt die lächerlichen Mißverständnisse zwischen den groben Plattköpfen und den feinen."[21]

Diese Erläuterung nennt mit der Sache zugleich auch deren Wertung. Das ist insofern nicht verwunderlich, als sich Hacks für historische Situationen ja um deren zeitlich-überzeitlicher Bedeutung willen interessiert. Auch die Negativität des Urteils braucht nicht zu verwundern. Aufklärung und Empfindsamkeit sind eine Phase aus der Geschichte des Bürgertums. Das bürgerliche Zeitalter aber gilt als eine Periode, die das Dialektische verfehlt und sich immer mehr in antagonistische Widersprüche verwickelt hat. Aufklärung und Empfindsamkeit bilden bereits eine solche Spaltung, in der auseinanderfällt, was aufeinander bezogen sein sollte, und in der sich jedes für sich verzerrt. In diesem Sinne ist zu verstehen, daß die Aufklärung „veramtet", die Empfindsamkeit „vergammelt" und ihr Gegensatz ein „lächerlicher Kampf" genannt werden und daß von „groben" und „feinen Plattköpfen" und den „lächerlichen Mißverständnissen" zwischen ihnen die Rede ist. Die dialektisch-komische Perspektive ermißt den Abstand zur Utopie und bringt ihn in der komisch-satirischen Darstellung zum Ausdruck. Dabei bedingt die Größe des Abstands den Grad des Komisch-Satirischen. Allerdings dürfte das Undialektisch-Antagonistische von Aufklärung und Empfindsamkeit nicht nur als die unumgängliche Situation des historischen Moments, sondern obendrein auch als Verfehlung dessen, was geschichtlich möglich gewesen wäre, beurteilt sein, so daß die satirische Negativität auch aus diesem zusätzlichen Urteil resultiert.

Die zeitlich-überzeitliche Betrachtung und Wertung müßte – den Hacks'schen Grundsätzen zufolge – die Adaption für die Gegenwart einschließen. Gegenwart ist hier die Zeit der frühen 70er Jahre (die Bearbeitung entsteht 1973, wird 1975 uraufgeführt und 1976 gedruckt). Dabei ist im vorliegenden Fall zu berücksichtigen, daß Hacks die Bearbeitung zwar vom Standpunkt eines entwickelten dialektischen Bewußtseins aus vornimmt, der Öffentlichkeit aber, für die sie bestimmt ist, Mangel an dialektischem Bewußtsein vorwirft. Das heißt für die Adaption, daß die überlegene dialektische Perspektive zwar den Fortschritt anzeigt, den der Sozialismus mit der Überwindung des Undialektisch-Antagonistischen des bürgerlichen Zeitalters erreicht hat, daß sie damit zugleich aber auch um so deutlicher macht, wie rückständig sich in diesem Fortschritt Mängel des dialektischen Bewußtseins ausnehmen.

Pole, zwischen denen es sich bewegen kann. Für Hacks müßte man sich die Ordnung wie folgt vorstellen: Satire und Utopie bestimmen die Komik der ersten Schicht, zwischen Satire und Humor bewegt sich die zweite. Die zweite ist aber immer nur als Zusatz zur ersten verständlich.

(21) Hier und im Folgenden wird für den Text der Hacks'schen Bearbeitung und des Kommentars die leicht zugängliche dtv-Ausgabe benutzt: Das Jahrmarktsfest zu Plundersweilern / Rosie träumt. Zwei Bearbeitungen nach J. W. von Goethe und Hrosvith von Gandersheim. (= dtv neue reihe, 6329.) Zitat S. 62.

Die Handlung

Das „Jahrmarktsfest“ bildet von der Handlung her keinen genaueren Zusammenhang. Es besteht aus den locker gereihten kleinen Episoden des Jahrmarktstreibens und der eingelagerten, von einer Schauspieltruppe aufgeführten Esther-Geschichte. Hacks hat selber darauf hingewiesen, wie sich der Grundgedanke des Stückes in einzelnen Szenen und Konstellationen verwirklicht:

> *„Das betrifft gleichermaßen den Hader Hamans mit Mardochai wie den des Magisters mit dem Prinzipal. Es betrifft die Rüpelszenen des Amtsdieners mit dem Schattenreißer, des Gensdarmen mit dem Bänkelsänger und der Bürgersfrauen mit dem Landstreicherchen. Es betrifft insonders – und deckt sich daher aufs glücklichste mit dem dramaturgischen Grundeinfall des Stücks – das Verhältnis zwischen dem Volk und dem Theater.“ (S. 62)*

An einigen Fällen soll im Folgenden die konkrete Gestaltung verdeutlicht werden. Erstes und ausführlichstes Beispiel sei die Esther-Geschichte mit dem Gegensatz Haman und Mardochai.

In der sehr kurzen Esther-Geschichte in Goethes Text von 1773 ist der Gegensatz der Perser und Juden nur die verhüllende Einkleidung für einen atheistischen Rationalismus und eine pietistische Empfindsamkeit und die mit beiden verbundenen persönlichen Anspielungen. In der gründlich umgearbeiteten und erweiterten Fassung von 1778 tritt der Gegensatz Perser – Juden stärker hervor und mit ihm der Religionsgegensatz und das Staatlich-Politische. Der persische Staatsdiener Haman sieht die politische Gefahr der Juden in ihren wucherischen Geldgeschäften und ihrer Religion, die keinen anderen Herrn als nur den eigenen Gott anerkennt. Das ist zwar die gehässige Beschuldigung Hamans, aber Goethe hat es gewagt, die Esther-Geschichte am Ende auf eine sehr dubiose Weise in der Schwebe zu halten. Als Mardochai seine Nichte und frühere Ziehtochter Esther, jetzt Gemahlin des Perserkönigs Ahasver, dazu bewegen will, bei diesem um sein Leben zu bitten, machen nicht schon die menschlichen, sondern erst geldliche Gesichtspunkte einigen Eindruck. Esthers Entscheidung bleibt zwar offen, aber das verhindert nicht, daß das Komisch-Lächerliche der Schlußszene im Verlauf des Gesprächs und dem Absinken der Argumentation liegt und zu einer recht fragwürdigen Verspottung der Juden wird.

Die Personen

Die suspekte Zeichnung der Juden konnte Hacks nicht bestehen lassen. Er verschmolz die anderen Ansätze der beiden Textversionen zu einer Konstellation von Widersprüchlichkeit, in der das Historische von Aufklärung und Empfindsamkeit ausreichend erkennbar blieb, von dem aus das heutige Publikum jedoch leichter auf eigene Probleme schließen konnte. Haman ist der Beamte und Staatsdiener, der Rationalist und Realist, Mardochai ist der Geistige und Sensible, dessen Empfindsamkeit sich nun außer im Religiösen auch im Dichterischen äußert. In der Retuschierung der Gegensätze tritt aber vor allem die Gegensätzlichkeit selbst, die Art, wie sie begriffen wird, stärker in Erscheinung.[22)]

Hamans Denken kennt nicht die Vorstellung sich dialektisch vermittelnder, sondern nur

---

(22) Der Vergleich Goethe-Hacks von Ruth-Ellen Boetcher Joeres: Hereinspaziert! Hereinspaziert! Goethe and Hacks at the „Jahrmarktsfest zu Plundersweilern“. In: GR 51 (1976) S. 259–277, bleibt oberflächlich und richtungslos, da er die ideologischen und ästhetischen Grundlagen der Hacks'schen Rezeption und Adaption vernachlässigt.

die sich kategorisch ausschließender Gegensätze. Am pointiertesten formuliert er das selbst in den Worten: „Mein Fürst! wo Haman steht, kann Mardochai nicht sein" (S. 53, ohne Vorlage bei Goethe). Was seinen Widerstand gegen die Juden und Mardochai begründet, ist der Umstand, „Daß sie sich selbst nur gleich und anders sind als alle" (S. 22, ebf. ohne Vorlage bei Goethe). So bilden sie den Gegensatz, den es nicht geben darf, weil er als das Antinomische und Feindliche erfahren wird. Hamans Denken anerkennt nur die absolute Einheitlichkeit einer Welt, die gebildet ist aus dem, was er selbst verkörpert und was sein Bewußtseinshorizont umspannt. Wird diese Einheitlichkeit auch nur mit einer einzigen Ausnahme durchbrochen, so erscheint sie ihm im ganzen aufgehoben:

„Was nützt, wenn Jedermann mir zu belieben strebet,
Was hilft, wenn mir ein Reich gebückt zu Füßen liegt,
Wenn sich ein Einziger nicht in dem Staube schmiegt?" (S. 20)

So steht es auch bei Goethe, die letzte Zeile sogar wörtlich (S. 173),[23] aber das Grundsätzliche relativiert sich bei Goethe, weil es Haman vornehmlich um den Juden zu tun ist, der sich nicht beugt. Die anschließenden Zeilen erläutern das auch: „Was hilft's, auf so viel Herrn und Fürsten wegzugehen, / Wenn es ein Jude wagt, mir ins Gesicht zu sehen?" Hacks hat diese beiden Verse nicht übernommen; wenngleich auch bei ihm im Zusammenhang des Kontextes der Einzige Mardochai ist, ist dieser doch nicht nur der Jude, sondern vor allem die Ausnahme, welche die Einheitlichkeit einer in sich geschlossenen Welt durchbricht.

Hamans Denkweise wird zugleich auch als die Staatsräson demonstriert. Als hoher Beamter und Staatsdiener anerkennt er nur die Geschlossenheit und Einheitlichkeit der Staatsordnung, „Wo keine Stelle hat, was nicht dem Plan entspricht" (S. 23), und wo ein einziger loser Stein das wohlgefügte Gewölbe zusammenbrechen läßt (ebd., beides ohne Vorlage bei Goethe). Auch sein Rechtsbegriff ist ein Begriff der Ausschließlichkeit. Wo Recht ist, kann es keine Gnade und Huld geben.

„Wer wär nicht gerne gut? nicht ewger Huld Verteiler?
Doch ist die Säule nur des Rechts des Staates Pfeiler.
Dein Staat so weit gedehnt, so völkerreich, er wankt,
Wo irgend das Gesetz, das ihn nur festigt, schwankt.
Drum stirbt unweigerlich, wer frech es übertreten." (S. 55)

Ferner zeigt sich Hamans Denkart an seinem Realismus Rationalismus, der nur gelten läßt, was sichtbar und dem Verstand faßbar ist. Die religiöse Wirklichkeit eines unsichtbaren Gottes und die dichterische Wirklichkeit der Phantasie und der Fiktion bilden einen unverträglichen Gegensatz zu seinem eigenen Begriff von Wirklichkeit (S. 23). Der Zusammenhang seiner Denkweise mit seinem Realismus-Rationalismus besteht darin, daß gerade sinnliche Wahrnehmung und Verstand die Vorstellung einer durchschaubar geordneten, Regeln und Gesetzen gehorchenden und also einer letztlich einheitlichen, widerspruchsfreien Welt zu suggerieren vermögen. Haman betont in seiner Ablehnung religiöser und poetischer Wirklichkeit das seinem realistisch-rationalistischen Wirklichkeitsbegriff Inkommensurable als das Antagonistisch-Bedrohliche:

---

(23) Ich benutze für den Goetheschen Text die Cotta'sche Jubiläumsausgabe in 40 Bden (1902-1912). Bd. 7, Text S. 163-190, Anm. (mit der Erstfassung der Esther-Geschichte) S. 347-356.

„Ein Gott gleicht einer Kuh doch oder einem Kalbe.
Man sieht doch, wie er lebt, man siehet, wie er frißt,
Mit einem Wort, man sieht, woran man mit ihm ist.
Ihr Gott ist unsichtbar, hat weder Herz noch Nieren.
So einer lässet sich viel schwieriger taxieren." (S. 22/23)

„Auf Dinge, die nicht sind, geht stets der Dichter Trachten.
Wie soll man derlei Volk für zuverlässig achten? . . .
Ein wohlgefügter Staat kann eher Krieg und Schulden
Als einen Hauch von Kunst und gar von Dichtkunst dulden." (S. 23)

Über Haman, im ganzen genommen, läßt sich sagen: Das Einheitlichkeits- und Harmoniedenken ist vom Standpunkt dialektischen Bewußtseins her gesehen nichts anderes als die komisch-lächerliche Konsequenz und Ausschließlichkeit aller undialektischen Einseitigkeit. Das Komisch-Satirische entspringt der Diskrepanz zwischen Hamans Denken und dem entwickelten dialektischen Bewußtsein, und es wird deshalb am stärksten fühlbar, wo sich Hamans Denkweise in ihrer absoluten Einseitigkeit und Konsequenz enthüllt. Hacks hat die Ansätze der Vorlage vor allem dahingehend verdeutlicht. Daß in Haman nicht nur die historische Situation von Aufklärung und Empfindsamkeit, sondern auf dieser Folie zugleich auch die Lächerlichkeit gegenwärtiger Mängel dialektischen Bewußtseins bloßgelegt wird, zeigt sich in den Konkretionen des Amts- und Staatsdenkens, in den Begriffen von Macht und Recht, von Realismus und Kunst.[24)]

Die Charakterzeichnung Mardochais ist sehr viel blasser als die Hamans, womöglich weil sich in der Gestalt Hamans die aktuellere Zielscheibe anbot. Jedenfalls kommt in Haman das für den Grundgedanken des Stücks Erforderliche vollständig genug zum Ausdruck. Haman zu zeichnen, heißt ja nicht nur zeigen, was er ist, sondern auch, was er nicht ist. Und mit letzterem ist die Gestalt Mardochais indirekt vorweggenommen.

Mardochai ist in seiner umgekehrten Einseitigkeit als eine ebenso komische und lächerliche Figur gedacht wie Haman. Das ist von Bedeutung für den Schluß, der wie der ganze dritte Teil der Esther-Geschichte zur Vorlage ergänzt ist. Wenn Mardochai am persischen Königshof die Stelle Hamans einnimmt, ändert sich im Grunde an der Situation nur das Vorzeichen. Doch steckt im Tausch auch noch eine Steigerung der Komik. Wenn an der Stelle des puren Beamten, Rationalisten und Realisten der reine Dichter und Philosoph, der Nicht-Beamte, Nicht-Rationalist und Nicht-Realist zum höchsten Staatsfunktionär wird, wirkt sich das antagonistische Entweder-Oder noch lächerlicher aus als vorher. Gipfel dieser Komik sind die pathetischen Schlußworte Mardochais:

„Es herrscht der Unsinn ja, wo nicht der Philosoph.
Doch hoch beglückt das Land, wo Macht sich selbst entgleitet,
Von Liebe eingelullt, von Weltweisheit geleitet." (S. 58)[25)]

Der komische Widerspruch zwischen Haman und Mardochai wird auf amüsante Art auch noch in einer ganz anderen Weise veranschaulicht. Hacks hat sich in einer Spielanweisung ausdrücklich ausbedungen, das Stück dürfe keinesfalls von mehr als drei Schauspielern

(24) Zu Haman vgl. die Beamtentragödie „Prexaspes" (oben Anm. 13).
(25) Trilse gibt in seinen Bemerkungen zum „Jahrmarktsfest" (S. 234–239) durchaus gewichtige Hinweise auf den Gegensatz Haman-Mardochai, wertet diesen Gegensatz aber nicht aus, ebensowenig wie beim „Tassow" (oben Anm. 19).

ausgeführt werden (S. 59). Entsprechend hat er die 18 Rollen auf 2 männliche und 1 weiblichen Darsteller verteilt (S. 8). Haman und Mardochai werden jedoch nicht, wie zu erwarten wäre, von „Herrn A“ und „Herrn B“ gespielt, sondern beide von Herrn B. Sie können also niemals gleichzeitig auftreten. Das heißt, der eine schließt den andern aus. Als Haman sagt: „Mein Fürst! wo Haman steht, kann Mardochai nicht sein“, greift Ahasver diese Worte in ihrem Doppelsinn auf und spricht beiseite: „Da hat er freilich recht. Hinab zu Orkus' Schlünden / Muß einer von den zwein, schon aus Besetzungsgründen“ (S. 53). Wie beide aufgrund der Rollenbesetzung niemals zugleich auftreten können, so können und dürfen sie auch niemals – jedenfalls nicht für jenes Bewußtsein, das sie als undialektisch-antagonistischen Widerspruch begreift – gleichzeitige und gleichberechtigte Machtfaktoren des Staates sein. Zugleich wird diese Widersprüchlichkeit jedoch entlarvt. Daß sich Haman und Mardochai gegenseitig ausschließen, zeigt die Rollenbesetzung gerade dadurch, daß sie beide verbindet, nämlich in der einen Person des Schauspielers. So entpuppt sich die falsche Widersprüchlichkeit, in der sich antagonistisch befehdet, was dichterisch aufeinander bezogen sein sollte. Und wenn das Verhältnis nicht stimmt, verkommt auch jeder Teil in sich. Es entsteht die Situation des „lächerlichen Kampfes der veramteten Aufklärung mit der vergammelten Empfindsamkeit“, „der lächerlichen Mißverständnisse zwischen den groben Plattköpfen und den feinen.“

Der Gegensatz Hamans und Mardochais ist der im Stück am ausführlichsten entwickelte Widerspruch. Die anderen Beispiele sind spezieller. Sie lassen sich ohne Schwierigkeit erschließen. Einige Hinweise mögen genügen. Sie können für den Unterricht ohne Mühe in Arbeitsfragen umgesetzt werden.

Das Rollenspiel

Nicht in allen Fällen sind zwei sich widersprechende Rollen in ein und demselben Darsteller aufeinander bezogen. Auch die direkte Konfrontation, bei der sich die Antipoden auf der Bühne gegenüberstehen, ist nötig und reizvoll, wie etwa in der Begegnung des Prinzipals mit dem Magister. Eine besonders komische Rollenbesetzung findet sich noch in der Szene mit der Muhme, der Madame Schauer und dem Landstreicherchen Marmotte. Die beiden verblühten Damen versuchen, sich an den hübschen, fremdländischen Jungen heranzumachen, verbergen ihre Lüsternheit aber unter dem Schein einer Tugend von Zucht und Ehre. Im gleichen Sinne zwiespältig verhalten sie sich gegenüber den von Marmotte vorgetragenen frechen Liedern. Die Szene im ganzen demonstriert das Auseinanderfallen der Moral in eine zur Lüsternheit und Obszönität verkommene reine Sinnlichkeit und eine abstrakt begriffliche, jede Sinnlichkeit verneinende Tugend. Der Widerspruch entlarvt sich jedoch selbst. Indem man tut, was man verneint, und verneint, was man tut, schafft man den Widerspruch nicht nur, man widerlegt ihn auch. Die Momente des Unechten und des Scheins, des Unwahrhaftigen und der Verkehrung finden ihre komisch-satirische Entsprechung darin, daß die Rolle des Jungen von der Schauspielerin und die beiden Frauenrollen von den männlichen Darstellern gespielt werden. Es lohnt sich, die Szene von Schülern spielen zu lassen, da sich die komischen Effekte erst in der Anschaulichkeit voll entfalten, nicht nur für die Zuschauer, auch für die Spieler. Ein gewisses Risiko der Szene besteht darin, daß sie mit der Rollenverkehrung und der Selbstwiderlegung des moralischen Widerspruchs ihre Lächerlichkeit in sich selbst zu besitzen scheint, während diese Lächerlichkeit doch gerade den Abstand der sich undialektisch in falsche Widersprüche verwickelnden Moral zum Ideal der Moral des „emanzipierten“ Menschen anzeigen soll.

Der Kunstbegriff

Schon in Haman und Mardochai fällt der Kunstbegriff in zwei je für sich ungültige Teilbegriffe auseinander. Nicht nur Mardochai ist Dichter, auch Haman hat sich an Versen versucht (S. 37, 38). Wenngleich sich die Fragestellung nur andeutet, läßt sich doch auf den falschen Gegensatz einer Staatskunst und einer freien Poesie, einer nur-realistischen und einer nur-nicht-realistischen Dichtung schließen. (Vgl. auch die komisch-satirische Persiflage einer Staatskunst in der Figur des Schattenreißers, S. 15–17.) Einen anderen, aber ebenfalls falschen Widerspruch veranschaulicht die Gegenüberstellung des Prinzipals der Schauspieltruppe und des Magisters Schivelbusch mit seiner Tochter Dörte (S. 43–51). Die Schivelbuschs befleißigen sich einer Poesie, in der, ohne jedes historische Bewußtsein, die verschiedensten Elemente der verschiedensten Kunstepochen der Vergangenheit zu einer tollen Stil- und Geschichtsklitterung verbunden werden (Aphrodite als Landmädchen, S. 44/45), oder in der eine platte Ästhetik des alltäglich Nützlichen („vernunftreiche Gartenentzückung“) Kartoffel, Mais und Dill gegen Rosen und Lilien ausspielt (S. 48). Dem Prinzipal graust es, freilich vor allem deshalb, weil er sich seinerseits mit der bloßen Utopie einer „freien Poeterei“ der Zukunft vertröstet (S. 51; vgl. auch S. 17, wo er sich „mit einer Gebärde unaussprechlichen Schmerzes“ vom Bänkelsänger abwendet). Wie Hacks im Begriff „klassischer“ Kunst das Zeitlich-Überzeitliche betont, in dem sich das dialektische Verhältnis jeder geschichtlichen Realität zur übergeschichtlichen Utopie abzeichnet, so verspottet er hier die hinter einem solchen Begriff weit zurückbleibende lächerliche Dreiheit eines das Vergangene nicht geschichtlich adaptierenden, sondern bloß verklitternd nachäffenden, eines die Gegenwart um ihrer selbst willen ästhetisierenden und eines sich einseitig der Utopie verpflichtenden Kunstverständnisses.

Auch in dieser Darstellung ist wiederum sowohl die historische Skizze wie ihr Bezug zur Gegenwart zu erkennen. Zum einen klassizistische Nachahmung der Antike, Stilmischung der Anakreontik, Lehrdichtung („vernunftreiche Gartenentzückung“), aber auch die Vorstellung einer freien, nicht mehr regelgebundenen und nur sich selbst gehorchenden Dichtung, zum andern die Möglichkeit des Bezugs zu Irrtümern der „Erbe“-Aneignung, der Literatur des „Alltags“ und der „Gegenwart“, aber auch einer utopistischen Literatur der „Zukunft“ oder einer sich gegenüber dem „Realismus“ allzu einseitig auf ihre „Spezifik“ berufenden Literatur.

Botho Strauß,

Kalldewey (Auszug)

DER MANN
Komm her. Ich will dir etwas zeigen.
Hier oben im Berg da gibt es eine Stelle, die ich oft besuche.
Ich denke: es ist 'ne Lücke in der Natur der Dinge – man hat dort eine ganz besondere Aussicht.
Stell dich neben mich . . . so, ein bißchen höher noch. Nun sieh . . .

Er öffnet einen Schlitz im weißen Vorhang

Kannst du's erkennen?
DIE FRAU
Dort sind Menschen. Wer ist es?
Was sind das für Leute auf dieser hellen Fläche dort?
DER MANN
Nicht wahr, die Aussicht ist doch lohnend?
DIE FRAU
Da läuft eine – im beigen Kleid – die sieht ja aus wie ich! . . . Das bin ja ich!
Und du bist auch dabei! Du stolperst durch die Tür, du sitzt auf einem Stuhl, du holst dir Milch
in deiner leider etwas langen Joppe, die ich mal aus Schottland mitbrachte,
und da kommen auch die Zwei, natürlich! Kattrin und Meret
Was machen wir denn da?
Ein Spuk! Ein Echo des Gesichts!
DER MANN
Da gab es einmal einen Rattenfänger,
dem sind wir hinterher.
Mit seiner Flöte zog er uns das Ungeziefer von der Seele und ertränkte es im Vergessensfluß.
Doch dann glaubte er sich um seinen gerechten Lohn betrogen und er entführte uns, die kleine Schar, wie in Hameln einst die Kinder, und schloß uns ein in diesen Berg. Dort auf vorgeschobenem Fels, du siehst, über steiler Wand und leerem Grund, hält einer uns gefangen und bleiben wir erhalten, verflucht in eine ewige Komödie, verbannt ins Grauen heftiger Belustigung.
So überleben wir und wiederholen uns und werden's wohl für alle Zeiten tun
DIE FRAU
Ich nicht. Ich bin hier nur
aufs Wochenende zu Besuch
DER MANN
Nur zu Besuch, soso.

Sie sehen beide durch den Schlitz

Und wie sie spielen!
Sie wiederholen und wiederholen sich.
Sie machen das Damals, sie lassen nicht nach. Und wiederum von vorn und noch einmal das Ganze. Du siehst: der Rest ist Theater. Der letzte unserer magischen Versuche, die Angst uns auszutreiben
DIE FRAU
Ich weiß gar nicht: bin ich die oder die?
Lynn, die Hexe oder Lynn, das Goldstück?
DER MANN
Und ich: bin ich der oder der?
Hans, der Esel oder Hans, der Herzensbrecher?
DIE FRAU
Was sagst du da gerade?

DER MANN
Weiß nicht mehr, was ich damals sagte
DIE FRAU
Mir kommt es vor, als sei's gestern gewesen.
Was wir da sehen, Hans, ist fürchterlich.
Da zappelt jeder mit der Schlinge um den Hals –
wie sind wir da bloß lebend rausgekommen?
DER MANN
Sind wir das?

Er sieht wieder durch den Schlitz

DIE FRAU
Oh Fehler der Geschichte! Die Herzen sind hin.
Nichts geht mehr. Nur auseinander noch

Sie weicht zurück

Ist das alles wirklich geschehen?
DER MANN
Das ist – das Geschehen
DIE FRAU
Aber daß es so etwas wie uns überhaupt noch gibt!
DER MANN
Ha! alles gibt es noch, so ist das nicht.
Diese Zeit, die sammelt viele Zeiten ein;
da gibt's ein Riesensammelsurium,
unendlich groß ist das Archiv: Alles da,
und ist zuhanden. Viele brauchbare Stoffe
noch in den Beständen, im Fundus der Epochen.
Das Beste freilich können wir nicht
mehr halten in unseren Armen, nicht mehr
tragen in den Köpfen – aber verschwunden,
wirklich verschwunden ist in Wahrheit
nichts, kein Reich und keine noch so winzige Gebärde

Er ruft durch den Vorhangschlitz

Los, los, ihr Überlebenskünstler! Nehmt euch,
was ihr gebrauchen und erhalten könnt!
Schafft und schleppt euch ab, überliefert
was noch zu überliefern ist! Für wen?
Das fragt jetzt nicht. Worüber verfügt der Mensch?
Über viel, sehr viel Vergangenheit.
Die allein ist reich, und die bleibt immer
unerschöpflich. Und was da fällt und abgetan wird,
fangt alles auf, bewahrt es gut,
denn dies Finale muß noch lange halten

zur FRAU

Willst du hinein? Willst du das Spiel von nahem sehen?

Die FRAU
Stellt sich heraus: ich täuschte mich,
ich hatt 'ne Vision,
laß ich mich krankschreiben

Dunkel

Botho Strauß, Kalldewey, Farce. Carl Hauser Verlag, München, Wien 1981

Ulrike Ladnar

Johann Elias Schlegel: „Die stumme Schönheit“

1. Argumente für Literatur der Aufklärung im Unterricht heute

a) Die heute im Literaturunterricht allenthalben beobachtbare verstärkte Zuwendung zu Texten der Tradition scheint sich tendenziell an Auswahlkriterien zu orientieren, die G. Lukács bereits in den 30er Jahren als insgesamt für den Prozeß der Traditionsaneignung durch das Bürgertum maßgebend herausgestellt hat: Texte des Sturm und Drang, der Klassik und der Romantik werden in den Vordergrund gestellt, während solche aus anderen Epochen, insbesondere jedoch aus der Zeit der Aufklärung, meist nur eine untergeordnete Rolle spielen. Problematisch wäre nun, wenn die Erklärung, die Lukács seinerzeit für dieses Phänomen gegeben hat, auch nur ansatzweise noch/wieder zuträfe: daß es nämlich als Zeichen dafür zu werten sei, daß aufklärerische – und das sind immer auch antiautoritäre, emanzipatorische, rationale, radikale – Elemente unserer Tradition zurückgesetzt, verworfen werden zugunsten solcher, denen leichter, wie fälschlich auch immer, irrationale, affirmative Dimensionen abgezwungen werden konnten, unter dem Vorwand allerdings, eben das, das „Gemüt“, die Betonung des „Innen“ mache das Wesen deutscher Kultur aus, das von anderen, vor allem jedoch von aufklärerischen Kulturdokumenten verfehlt werde.[1)]
Es herrscht heute Konsens darüber, daß Schüler die Gesellschaft, der sie angehören und die die Bedingungen setzt, unter denen sie ihre Lebenspläne entfalten, verstehen lernen müssen; dieses Verständnis kann sich jedoch nur dann einstellen, wenn es auf einem bewußten Aneignen des *gesamten* gesellschaftlichen Überlieferungszusammenhangs, d. h. seiner beharrenden und seiner oppositionellen Elemente, beruht.

b) Der Epoche der Aufklärung ist im 20. Jahrhundert während zweier Phasen ein stärkeres Interesse entgegengebracht worden: zum einen ausgelöst durch die Autoren der Frankfurter Schule, die an die philosophische und politische Tradition der Aufklärung anknüpften (wobei literarische Texte allerdings weitgehend unberücksichtigt bleiben)[2)], zum anderen als Folge der Umorientierung der Literaturwissenschaft auf soziologische Fragestellungen in den 60er und 70er Jahren. (Doch ist auch hierzu einschränkend anzumerken, daß die Forschung oft primär außerliterarischen Gesichtspunkten galt, daß Literatur eher als Material genutzt, wo nicht gar ausgenutzt worden ist, an dem man Studien zur Emanzipation deutschen Bürgertums im 18. Jahrhundert betreiben konnte.[3)])

---

(1) vgl. Lukács, Georg: Goethe und seine Zeit. In: ders.: Faust und Faustus. Reinbek 1967 (rde 285–287); Bahr, Ehrhard: Nachwort. In: Kant, Erhard u. a.: Was ist Aufklärung? Stuttg. 1974 (Reclam 9714).
(2) Horkheimer, Max u. Adorno, Theodor W.: Dialektik der Aufklärung. Frankf. 1971 (Fischer 6144).
(3) (z. B.) Literatur der bürgerlichen Emanzipation im 18. Jahrhundert. Mattenklott, Gert u. Scherpe, Klaus R. (Hrsg.). Kronberg 1973 (Scriptor Taschenbücher S 2).

Das alles hat zur Folge, daß die literarischen Texte aus der Epoche der Aufklärung wenig vertraut, deswegen auch kaum verbraucht sind und nicht unter dem hohen Erwartungs- und Anspruchsdruck stehen, dem klassische und romantische Texte oft ausgesetzt sind. Eben diese geringe „Verwertetheit" eröffnet aber die Möglichkeit unvoreingenommener eigener Begegnung mit diesen Texten.

c) Dafür, Schülern eine solche Begegnung anzubieten, sprechen gerade heute einige gewichtige Gründe.

In immer stärkerem Maße gehen Jugendliche beim Entwurf ihrer Lebenspläne nur von ihrer je eigenen Subjektivität, Emotionalität, Betroffenheit aus, entziehen sich dabei bewußt oder unbewußt Ansprüchen nach rationaler, den Rahmen des Privaten sprengender Überprüfung, die an sie herangetragen werden (vgl. Narzißmus-Forschung). Dem korrespondiert im Kern durchaus eine ganz anders entstandene Tendenz, die die derzeitige Gesellschaft im allgemeinen kennzeichnet: auch da zeichnet sich nämlich, wo es um Fragen ihrer Sinnkonstituierung geht, immer deutlicher die Gefahr ab, daß auf nur noch emotional vermittelbare Werte zurückgegriffen wird, deren zunehmende, den Mitgliedern der Gesellschaft angesonnene Hypostasierung ihre angstfreie, rationale, öffentliche Diskussion hemmt. In diesem Zusammenhang können literarische Texte aus der Epoche der Aufklärung mit einem neuen Interesse gelesen werden, nämlich mit dem, wie in ihnen unbeirrt der Anspruch auf Rationalität vertreten wird, einer Rationalität im übrigen, die im Gegensatz zu dem, was der Aufklärung oft unterstellt wird, in Herz und Kopf anzusiedeln ist. (Die These von der „Kopflastigkeit" dieser Epoche, die dann durch die „eigentlich" künstlerischen, nämlich emotionalen Tendenzen des Sturm und Drang abgelöst worden sei, kann wohl nicht mehr vertreten werden[4]; hiervon wird noch die Rede sein.) Die Schüler sollen bei der Lektüre von Texten aus der Zeit der Aufklärung auch erkennen, daß es aufklärerischem Denken, und zwar auch im epochenunabhängigen Sinn, immer darum geht/gegangen ist, Menschen zum angstfreien Sprechen und Handeln zu befähigen, sie dazu zu verpflichten, Subjekt ihres Lebens zu werden, was immer auch impliziert, sich auf gesellschaftliche Praxis einzulassen.[5] (Dieses Problem spielt schon in der Epoche der Aufklärung eine bedeutende Rolle; man denke nur an die Auseinandersetzung des deutschen Jakobiners Erhard mit den Thesen Kants.[6])

d) Die literarischen Texte der Aufklärung verbergen die Zielsetzung ihrer Autoren, am Aufbau einer vernunftorientierten Gesellschaft mithelfen zu wollen, nicht (— und dies gilt eben nicht nur für die bekannten Werke Lessings, sondern auch für viele der in Vergessenheit geratenen Texte, insbesondere jedoch für die reichhaltige Komödienliteratur —[7]); im Gegenteil, die Belehrung, die Aufklärung der Leser und Theaterbesucher ist für die Schriftsteller des 18. Jahrhunderts eine viel zu gewichtige moralische und politische Pflicht, als daß sie sie schamhaft verschwiegen. Vorbehalte gegen Konstruiertes, allzu offensichtlich Didaktisierendes gibt es zu Beginn der Aufklärung noch nicht, derartige Gedanken treten

(4) Am überzeugendsten nachgewiesen bei Sauder, Gerhard: Empfindsamkeit. Band I. Stuttgart 1974 („Empfindsamkeit ist als Tendenz der Aufklärung zu begreifen wie Sturm und Drang und Rokoko"); deutlich auch bei von Wiese, Benno: Einleitung. In: Deutsche Dichter des 18. Jahrhunderts. Hg.: ders. Berlin 1977, S. 9–34.
(5) Horkheimer, Adorno, a. a. O., S. 7.
(6) vgl. Kant, Erhard u. a., Anm. 1.
(7) vgl. die sehr vollständige Bestandsaufnahme in Steinmetz, Horst: Die Komödie der Aufklärung. Stuttgart 1966 (Sammlung Metzler 42).

zurück angesichts der Überzeugung, mithilfe der Dichtung, der schon seit der Antike die Fähigkeit des „prodesse" zugeschrieben wird, vernünftiges – und das ist gleichbedeutend mit „richtigem", „tugendhaftem" – Denken und Handeln lehren zu können. Dabei wird nie bezweifelt, daß die Vernunft sich gegenüber der Unvernunft durchsetzt; und dieser Glaube „enttragisiert" die Dichtung, bewirkt, daß die Komödie zur „aktuellen geschichtlichen Form" wird, in der sich „das neue bürgerliche Selbst- und Bildungsbewußtsein" am besten ausdrücken konnte.[8)] Wie die Komödie die „Erziehung", die „Belehrung" vorzunehmen hat, hat bekanntermaßen Gottsched festgelegt; es sei nur an seine Definition von der Komödie als einer „Nachahmung einer lasterhaften Handlung" erinnert.[9)] Indem der Zuschauer der Komödie die lasterhafte Handlung – lasterhaft, weil nicht vernünftig! – satirisch verlacht, erweist er sich als überlegen, „witzig", vernünftig, aufgeklärt. In den poetologischen Auseinandersetzungen der Zeit geht es immer wieder darum, *wie* in der Komödie das Angenehme, das Ergötzen, mit dem Belehren zu verbinden sei; und die Bedeutung Schlegels als Theoretiker liegt insbesondere in der von ihm vorgenommenen eindeutigen Akzentverschiebung hin zum „delectare" („. . . ich muß gestehen, daß das Vergnügen dem Unterrichten vorgehe . . ."[10)]). In diesem Zusammenhang wichtig ist auch die Modifizierung, die Schlegel an Gottscheds Nachahmungslehre vornimmt; so begründet er, warum bei der Wiedergabe der Wirklichkeit oft die „Unähnlichkeit" zwischen Vorbild und Abbild für den Zuschauer eher zur Quelle der Vergnügens wird als die übertriebene Ähnlichkeit („. . . da wir, wenn entweder die Comödie dem gemeinen Leben, oder das gemeine Leben der Comödie vollkommen ähnlich seyn sollte, entweder in der Comödie einschlafen, oder im gemeinen Leben uns beständig aus dem Athem lachen müßten . . ."[11)]). Erst durch diese Überlegungen, verbunden mit der Zielvorstellung, nicht nur Typen im Gottsched'schen Sinne, sondern auch Charaktere zu erschaffen, an denen das „Herz"[12)] (!) des Zuschauers Anteil nehmen kann, wird der Weg zu einer ästhetischen Prinzipien gehorchenden Komödie, in der die Zuschauer „lachen", nicht „verlachen" sollen, frei.[13)]
Alle diese Auffassungen stehen in scharfem Kontrast zu Äußerungen moderner Schriftsteller über die Wirkungs- und Einflußmöglichkeiten ihrer Literatur; das Kennenlernen des ungebrochenen Glaubens aufgeklärter Schriftsteller an die Effizienz ihrer ästhetischen und gesellschaftlichen Bestrebungen, ihr Verwurzeltsein in der Gesellschaft – selbst der in vielem zu Unrecht kritisierte Gottsched geht davon aus, daß ein Poet ein „rechtschaffender Bürger und ein redlicher Mann"[14)] sein müsse –, das allgemeine Anerkennen, daß Dichten öffentliches, für die Gesellschaft nützliches Tun sei, sollte den Schülern – im Vergleich mit

(8) Martini, Fritz: Johann Elias Schlegel: Die stumme Schönheit. Spiel und Sprache im Lustspiel. In: Wesen und Formen des Komischen im Drama. Grimm, Reinhold u. Berghahn, Klaus (Hrsg.). Darmstadt 1975, S. 303–365, (zuerst in: Der Deutschunterricht 15/1963, H. 6) S. 304; zu Gottsched vgl. auch oben den Beitrag von P. Haida, 5. Abschnitt.
(9) Gottsched, Johann Christoph: Versuch einer Kritischen Dichtkunst, § 13 (ausschnitthaft in fast allen Textsammlungen zur Literaturtheorie zu finden, deshalb i. f. nur Angabe des entspr. §).
(10) Schlegel, Johann Elias: Ästhetische und dramaturgische Schriften. Antoniewicz, Johann (Hrsg.). Heilbronn 1887, S. 135.
(11) ebd., S. 102.
(12) ebd., S. 212.
(13) Nähe zu Lessing, Gotthold Ephraim: Hamburgische Dramaturgie, 29. Stück: „Die Komödie will durch Lachen bessern; aber eben nicht durch Verlachen . . . Ihr wahrer Nutzen liegt in dem Lachen selbst." (vgl. Anm. 9).
(14) Gottsched, Johann Christoph, Versuch . . ., § 18.

neueren Positionen – zu vertieften Einsichten über die Rolle von Literatur bei der Lebensbewältigung des einzelnen und beim Fortschreiten der Gesellschaft als ganzes verhelfen. Der Vergleich ist zwingend, damit die Positionen des 18. Jahrhunderts nicht nur als skurrile Merkwürdigkeiten bestaunt werden, die lediglich dokumentarischen Wert haben, sondern damit erkannt wird, wie/ob solche Positionen in der heutigen Gesellschaft erfahrbar sind.
Bei diesem Vergleich ergibt sich ein interessanter Aspekt: Zwar spielt die Literatur in der heutigen Gesellschaft de facto nur eine unbedeutende Rolle (und dieser Zustand ist vorbereitet worden seit dem deutschen Idealismus, seit der Trennung zwischen Kunst und Wirklichkeit, der Verlagerung – auch aufgeklärter Ideen – ins Innen, in die Kunst); jedoch gilt das nur für eine Literatur, die der bürgerlichen Öffentlichkeit. Daneben ist seit einigen Jahren eine andere Literatur entstanden, hat sich eine andere Art des Schreibens durchgesetzt, bei der – vorsichtig formuliert – etwas vom Nützlichkeitsdenken des 18. Jahrhunderts auftaucht, aber ganz vom Öffentlichen entfernt, ganz ins Private verlagert. In letzter Zeit ist eine Flut privater Schreibtexte veröffentlicht worden, in denen (zunächst primär von Frauen) Menschen über ihr privates Leben, ihren Alltag berichten. Dieses private Schreiben dient der Bewältigung der eigenen Lebensgeschichte und der Reflexion der gegenwärtigen Lebenssituation, ist somit „nützlich", subjektiv befreiend, und die Veröffentlichung dieser Texte soll ja auch anderen „nützen", d. h. bei ähnlichen Problemen helfen und Mut geben. Dem korrespondieren eine Fülle populärwissenschaftlicher „Lebenshilfen" (über Partnerschaft, Altern, Einsamkeit, Krankheit usw.).
In diesem Zusammenhang ist auch ein neues „geselliges" Moment wichtig, das beim Umgang mit den Schreibtexten der anderen Literatur zu beobachten ist: sie werden in Gruppen verlesen, besprochen, dienen neben der privaten Klärung also auch einer sozialen Verständigung auf emotionaler Ebene.[15)]
Solche Überlegungen führen direkt zu der Frage, wie die Aufklärung mit dem Problem der Vermittlung zwischen Privatem und Öffentlichem umgegangen ist.[16)]

2. Schlegels „Die stumme Schönheit"

Um im Sinne obiger Überlegungen mit Schülern eine repräsentative, aber dennoch weitgehend unbekannte Komödie zu besprechen, erscheint Johann Elias Schlegels „Die stumme Schönheit" besonders geeignet.[17)]
Die Komödie verdeutlicht exemplarisch aufgeklärtes Denken; ihr Interesse gilt insbesondere Fragen der Bildung und Ausbildung, der Erziehung (vor allem von jungen Mädchen), der neuen Struktur der Beziehung zwischen Mann und Frau und der Formulierung eines neuen gesellschaftlichen Ideals, der sozialen Kunst der Kommunikation.
Außerdem kann man uneingeschränkt sagen, daß diese Komödie – vor allem auch aus ästhetischen Gründen – den Höhepunkt deutscher Lustspieldichtung vor Lessing darstellt, indem sie die strikte Regelhaftigkeit des Gottsched'schen Komödientyps überwindet (dies gelingt Schlegel auch theoretisch; bei der Auswahl der Komödie spielen deshalb auch die

---

(15) vgl. hierzu: Literaturmagazin 11: Schreiben oder Literatur. Reinbek 1979 (dnb 129).
(16) vgl. Sauder, Anm. 4, S. XV.
(17) Dies liegt auch an der günstigen Materialsituation: Schlegels Komödie ist in einer sehr sorgfältigen Ausgabe, mit einem informativen Nachwort versehen, in der Reihe „Komedia" erschienen. In dieser Ausgabe hat das Werk einen Umfang von ca. 20 Seiten; es läßt sich also mühelos vervielfältigen: Gottsched, Luise: Der Witzling; Schlegel, Johann Elias: Die stumme Schönheit. Hecht, Wolfgang (Hrsg.). Berlin 1962 (Komedia 1).

zukunftsweisenden poetischen Ansichten ihres Verfassers eine Rolle) und statt dessen ein ungezwungenes, heiteres, freies, stimmiges Spiel vorführt.
Schlegels Komödie war im 18. Jahrhundert sehr bekannt und gehörte zu den am meisten gespielten Lustspielen des Jahrhunderts. Nachhaltig ist sie 1958 von Emil Staiger, der eine Aufführung empfiehlt[18], und 1963 von Fritz Martini[19] in Erinnerung gebracht worden.
Für die Auswahl spielen auch motivationale Gründe eine Rolle. Schlegels Komödie kann aus vielen Gründen auch heute noch als komisch empfunden werden, nach meinen Erfahrungen auch von Schülern, nicht zuletzt wegen der Charakterzeichnung der Personen, ihrer geistreichen Kommunikation und der Komik einzelner Situationen.
Der Text bereitet kaum Interpretationsprobleme. Es wird vorgeschlagen, ihn im Unterricht vor allem als Spielvorlage zu nutzen. Selbst wenn es nicht zu einer Aufführung kommen kann, sollte die Arbeit am Text von einer potentiellen Aufführung ausgehen und an Fragen der Interpretation und Realisation auf der Bühne orientiert sein. Dies Vorgehen ist aus den obigen Überlegungen abgeleitet: Theaterstücke des 18. Jahrhunderts verstehen sich nicht als „Lesestücke"; ihre Wirkung auf den Zuschauer erzielen sie nur in der Aufführung.

Zum Inhalt

Richard, ein „alter reicher Mann vom Lande", hat vor 20 Jahren nach dem frühen Tod seiner Frau seine Tochter einer Bürgerswitwe, der Frau Praatgern, zur Erziehung anvertraut. Nun kommt er mit seinem Freund und Nachbarn Jungwitz, einem „jungen wohlhabenden Menschen vom Lande", in die Stadt, um seine inzwischen erwachsene Tochter wiederzusehen und sie seinem Freund zu vermählen. Die Tochter nun, die Titelfigur der Komödie, erweist sich zwar als schön, aber gleichzeitig ist sie geistlos und töricht. Beide Herren sind von ihr enttäuscht – Jungwitz nimmt sogar von den Heiratsplänen Abstand –; angetan sind sie hingegen vom Witz und von der Natürlichkeit Leonores, der leiblichen Tochter der Frau Praatgern, die außerhalb des Hauses erzogen worden ist.
Nun stellt sich Erfreuliches – im Sinne der alten Lustspieltradition – heraus: Frau Praatgern hat einst die beiden kleinen Mädchen vertauscht, um so ihrer leiblichen Tochter Richards Erbschaft zu verschaffen. So kann Richard glücklich seine wirkliche Tochter, die geistreiche, umarmen und sie, wie geplant, mit Jungwitz verbinden. Doch auch die „stumme Schönheit" muß nicht leer ausgehen; für sie findet sich ein Ehepartner in Gestalt eines Philosophen, der eine Frau sucht, die nicht spricht und ihn folglich auch nicht beim Denken stören kann.

Zur Form

Angesichts des relativ harmlosen Inhalts der Komödie ist nicht auf den ersten Blick verständlich, warum alle Äußerungen zur Komödie Schlegels in Superlativen schwelgen. Da ist von einem „entzückenden Spiel"[20] die Rede, da wird die Komödie als „das erste literarisch durchstilisierte, im Dargestellten und in der Darstellung völlig in sich einheitliche Lustspiel in der deutschen Literatur"[21], als „singuläre formale und gehaltliche Anlage"[22],

(18) Staiger, Emil: Ein vergessenes Lustspiel. In: Beiträge zum zwanzigjährigen Bestehen der Neuen Schauspiel AG. Zürich 1958, S. 67–74.
(19) vgl. Anm. 8.
(20) Staiger, a. a. O., S. 74; Staiger meint sogar, die Komödie brauche den Vergleich mit Lessings „Minna von Barnhelm" nicht zu scheuen.
(21) Martini, a. a. O., S. 312 f.
(22) Steinmetz, a. a. O., S. 43.

als „meisterhaft“[23], als „die Komödie des achtzehnten Jahrhunderts par excelence“[24] bezeichnet. Nun verdient die Komödie sicherlich Lob[25], den verdankt es vor allem ihrer stilistischen Perfektion. Diese Perfektion zeigt sich in jeder Einzelheit ihrer Gestaltung, so z. B.
– in der *Personenkonstellation* (acht Figuren, die in mehrfacher Hinsicht, teilweise symmetrisch, aufeinander bezogen werden können, so von der Verteilung der Geschlechter – vier Frauen, vier Männer – und der Generationen – zwei Alte, sechs Junge – her, so beim Betrachten des sozialen Status – zwei Diener, vier „Herren“ –, der Herkunft – fünf Städter, drei Landbewohner –, der Kommunikationsfähigkeit – zwei schweigende, zwei zu geschwätzige, vier sprechfähige Personen – oder des Grads der Aufgeklärtheit – zwei aufgeklärte Personen, sechs Personen in verschiedenen Stadien der Nichtaufgeklärtheit bzw. der Entwicklung zur Aufgeklärtheit –);
– in der *Szenenfolge* (rascher Ablauf in kontrastierenden Szenen, keine „Längen“, spannungsreich);
– in der *Versform des Alexandriners* (der hier virtuos gehandhabte Alexandriner bewirkt die spielerische Leichtigkeit der Komödie[26]; er wird überdies funktional eingesetzt, um die „Stumme Schönheit“ zu entlarven: Immer wieder bringt sie Verzögerungen in den Sprachfluß; ihre einsilbigen Äußerungen stehen oft hemmend als letzte oder erste Silbe des Verses, der im übrigen von ihren Gesprächspartnern ausgefüllt wird:

Jungwitz: *Doch ihr Papa und ich, wir hatten zu der Reise*
Sehr schlechte Wege.
Charlotte: *So?*
Jungwitz: *Der Belt ging noch mit Eise.*
Charlotte: *So?*
Jungwitz: *Aber die Begier, sie desto ehr zu sehn,*
Ließ uns darum nicht ruhn, wir musten übergehn.
Charlotte: *So?*
Jungwitz: *Und sie sähnten sich doch den Papa zu kennen?*[27]

Gelungener kann Charlottes mangelnde Kommunikationsfähigkeit kaum verdeutlicht werden als in ihrem Versagen im Gebrauch des Alexandriners);
– in dem *„Witz“*, mit dem die Personen sprechen, mit dem sie z. B. Wortspiele erfinden und sich immer geistreich aufeinander beziehen:

Richard: *Sie hat ein schön Gesicht und Augen, die recht brennen.*
Jungw.: *Vom Vater wird sie die nicht anders haben können.*
R.: *Er schmeichelt: doch im Ernst, man sagt, sie sieht, wie ich.*
J.: *Wenn sie noch besser sieht, ist es nicht schlimm für mich.*
(2. Auftritt; „sehen“ = „aussehen“)

oder:

(23) Hecht, vgl. Anm. 17, S. 100.
(24) Paulsen, Wolfgang: Johann Elias Schlegel und die Komödie. Bern 1977, S. 81.
(25) Allerdings erscheint dieses Lob teilweise leicht übertrieben; insbesondere in der im übrigen vorbildlichen und überzeugenden Analyse Martinis; vgl. auch Anm. 20.
(26) Lessing (Hamburgische Dramaturgie, 13. Stück) meint, es sei „ein Glück für seine Nachfolger, daß er seine größeren Komödien nicht auch in Versen schrieb. Er hätte ihnen leicht das Publikum verwöhnen können“. Lessing hält die Komödie für „unstreitig unser bestes komisches Original, das in Versen geschrieben ist.“
(27) 5. Auftritt. Auch im folgenden wird bei Zitaten aus der „Stummen Schönheit“ lediglich die Nummer des Auftritts angegeben.

Jungwitz: *Zie zeigen sich ja kaum, da sie sich schon entfernen.*
Leonore: *Ich bitte . . .*
Richard: *Soll man sie denn gar nicht kennen lernen?*
Leonore: *Dabey verlier ich nur, wenn man mich kennen lernt.*
Richard: *Und wir verlieren viel, wenn sie sich gleich entfernt.*

(11. Auftritt)

Ein Deutungsversuch

Es sollen im folgenden nur einige wenige Auftritte, die aber genauer und hinsichtlich der oben genannten, für den Unterricht relevanten Fragestellungen untersucht werden; Vorrang vor einer vollständigen Analyse ist gelegentlichen Bezugnahmen auf andere Komödien der Zeit eingeräumt worden, da hiervon die Anregung ausgehen könnte, auch einmal andere wenig bekannte Texte im Unterricht zu erproben.

Nach einer kurzen Einleitungsszene (Ankunft Richards und seines Freundes) erzählt Richard Jungwitz, während sie auf Charlotte warten, Lobenswertes über die Tochter, die er nur aus den Briefen der Frau Praatgern kennt. Er rühmt ihr äußeres Erscheinungsbild („schön Gesicht"), ihre Erziehung und Ausbildung („drey Sprachen kann sie sprechen", „und in der Rechenkunst versteht sie gar die Brüche"), ihre Weltgewandtheit („sie versteht, recht nach der Welt zu leben"), die Standesgemäßheit ihrer übrigen Fähigkeiten, die den Ansprüchen der Konvention entsprechen („sie spielt, sie putzt sich gut", „und klimpert über das recht schön auf dem Clavier") und ihre hausfraulichen Fertigkeiten („sie wird ihm recht gute Süppchen machen", ist „Meisterin in allen Wirthschaftssachen"). Doch all das genügt Jungwitz nicht. Mit gezielten Fragen kommt er auf das zu sprechen, wovon er abhängig macht, ob es zur Hochzeit kommt: „ist sie auch *belebt*" und „spricht mit *jedermann*" und „spricht sie mit *Verstand?*" Er formuliert die Erwartung, daß seine Frau *„Witz"* haben solle, da er nicht heiratet, „um bedient zu seyn". (Das sind Anzeichen neuen, gleichberechtigten Umgangs zwischen Mann und Frau.) Er will „bey ihr" nicht nur „küssen" und im übrigen „gähnen", seinen Zeitvertreib also außer Hauses suchen, wie er sagt, sondern er will sie – und das wiederholt er – *„zum Umgang"*. Er sucht also in erster Linie kommunikative – und das sind in seinem Verständnis soziale – Fähigkeiten und Tugenden bei einer Frau, keine kalte Intellektualität und Rationalität, sondern eine natürliche, anteilnehmende, gescheite Zuwendungsbereitschaft zu allen Mitmenschen.

„Witz" – diesen Begriff hat Paul Böckmann als Schlüsselwort frühaufklärerischer Dichtung und Gesellschaft bezeichnet und nachgewiesen, wie Wolff und Gottsched die „Formkultur des Witzes" begründen und erläutern.[28] Unter „Witz" versteht das 18. Jahrhundert eine „Gemüthskraft", „Scharfsinnigkeit", „Einbildungskraft"[29], die zu sinnvollen Kombinationen befähigt. (Für die Dichtung und die Rezeption von Dichtung bedarf es des Witzes, um Ähnlichkeiten zwischen der Natur und ihrer sprachlichen Nachahmung zu entdecken, um als Dichter passende Stoffe für die intendierte Lehre aufzufinden bzw. als Rezipient diese Lehren im Stoff wiederzufinden und schließlich, um den Inhalt auch „witzig" im Sinne von „geistreich" zu formulieren.) Paul Böckmann stellt fest, daß der „Witz" auch zum Ideal

(28) Böckmann, Paul: Formgeschichte der deutschen Dichtung. Hamburg 1949, S. 501–529.
(29) Gottsched: „Dieser Witz ist eine Gemütskraft, welche die Ähnlichkeit der Dinge leicht wahrnehmen . . . kann. Er setzet die Scharfsinnigkeit zum Grunde . . . und ein Poet muß dergestalt eine starke Einbildungskraft, viel Scharfsinnigkeit und einen großen Witz schon von Natur besitzen." (zit. nach Böckmann, a. a. O., S. 513).

beim Umgang der Gesellschaftsmitglieder miteinander wird[30]; was das konkret bedeutet, wird einem bei der Lektüre von Komödien aus dieser Zeit vorstellbar.
So macht Jung*witz* ja deutlich, daß er am Witz die Soziabilität seiner künftigen Lebensgefährtin messen will, ihre Befähigung zu Freundschaft, Liebe, Gemeinschaft. Dieser Witz hat nichts mit Bücherwissen zu tun – so bietet ja die Charlotte zugesprochene Bildung Jungwitz keine hinreichende Gewähr dafür, daß sie auch witzig und umgangsfähig ist –; und oft sind es in den Komödien dieser Zeit eben Gelehrte – vermeintliche Gelehrte – denen Witz, und damit gleichzeitg Kommunikationsfähigkeit, Soziabilität, Menschlichkeit, abgesprochen wird.
In Lessings „Der junge Gelehrte" ist es Damis, der trotz aller Gelehrsamkeit aufgrund mangelnden Witzes unfähig zur Kommunikation mit seinen Mitmenschen ist: entweder doziert er, oder er verstrickt sich und seine Gesprächs„partner" in heillose Mißverständnisse, oder seine Gedanken werden immer skurriler, absurder, sind nicht mehr mitteilbar. Sein Gegenpol ist der junge Valer, der sich von dieser Art Gelehrsamkeit distanziert hat:

„Ich weiß die Zeit noch sehr wohl, da ich in ebendem wunderbaren Wahne stand, es hieße gelehrt, so zerstreut, als möglich und auf nichts, als auf sein Buch aufmerksam zu tun." (III/7)

Damis seinerseits hat für seinen früheren Freund nur Verachtung übrig. Aufschlußreich ist seine Begründung:

„Die Zeiten sind vorbei, da ich ihn hochschätzte. Er hat seit einigen Jahren die Bücher beiseite gelegt; er hat sich das Vorurteil in den Kopf setzen lassen, daß man sich vollends durch den Umgang, und durch die Kenntnis der Welt, geschickt machen müsse, dem Staat nützliche Dienste zu leisten. Was kann ich mehr tun, als ihn betauern?" (II/12)

Natürlich gibt die Komödie Valer recht, und der junge Gelehrte bleibt unbelehrt und unbekehrt; ausgerechnet seine Magd gibt ihn – durch ihren Witz – am entschiedensten der Lächerlichkeit preis:

Demis: *Ich glaube, daß in keinem Hause der Müßiggang so herrschen kann, als in diesem.*
Lisette: *Und besonders auf dieser Stube.*
D.: *Auf dieser Stube? Ungelehrte! Unwissende!*
L.: *Ist das geschimpft, oder gelobt?*
D.: *Was für eine niederträchtige Seele! die Unwissenheit, die Ungelehrsamkeit für keine Schimpf zu halten! für keinen Schimpf? So möchte ich doch die Begriffe wissen, die eine so unsinnige Schwätzerin von Ehre und Schande hat. Vielleicht, daß bei ihr die Gelehrsamkeit ein Schimpf ist?*
L.: *Wahrhaftig, wann sie so durchgängig von dem Schlage ist, wie bei Ihnen.*
D.: *Nein, das ist sie nicht. Die wenigsten haben es so weit gebracht –*
L.: *Daß man nicht unterscheiden kann, ob sie närrisch, oder gelehrt sind? ––*
D.: *Ich möchte aus der Haut fahren –*
L.: *Tun Sie das, und fahren Sie in eine klügere. (III/3)*

Satz für Satz wird der Gelehrte abgekanzelt; er kann nicht sinnvoll reagieren; jede seiner Äußerungen führt nur zu einem erneuten witzigen Spott seitens Lisette. In Damis' Einschätzung seines Freundes zeigt sich sein eigentliches Defizit: sein Unvermögen, sein Wissen, seine Bildung, seine Theorie in Beziehung zu der ihn umgebenden Wirklichkeit zu setzen – daraus ergeben sich teilweise groteske Mißverständnisse in der Komödie –, sie in den

(30) ebd., S. 521.

Dienst einer gesellschaftlich relevanten Praxis zu stellen. Witz, Verstand, das kann man diesen Komödien entnehmen, darf nie Selbstzweck werden, muß sich immer in der Gemeinschaft mit andern, im Tätigsein für andere bewähren.[31]
Auch in anderen Komödien des Leipziger Rokoko tauchen immer wieder solche Fragen auf; am konkretesten in Luise Gottscheds „Der Witzling". Hier werden gleich drei vermeintlich gelehrte Herren satirisch verspottet: der Student Vielwitz, der Gelehrte Sinnreich und der Dichter Jambus. Hier ist es ein natürliches junges Mädchen – überraschend oft sind es junge Frauen, die das neue Ideal am überzeugendsten vertreten –, das die drei Herren demaskiert, vor allem Vielwitz, den jungen „Witzling", den sie heiraten soll, weil ihr Vormund, dem sie laut väterlichem Testament gehorchen soll, es so will. Sie weigert sich, und sie trifft dabei eine erstaunliche Präzisierung dessen, was sie unter Witz versteht. In Verteidigung ihres Vormunds, der von seinen Kupplungsabsichten abgesehen ein guter, vernünftiger Mann ist, sagte sie zu dem ihren väterlichen Freund diffamierenden Vielwitz:

„Gesetzt, daß er auch so wenig Vernunft hätte, als Sie schreiben: so hat er doch ein redliches Herz, und dieß macht allemal ein besser Glück in der Welt, als der größte Witz; wenn er mit einem bösartigen, hochmüthigen und undankbaren Herzen verbunden ist." (8. Auftritt)

Hier wird besonders deutlich, daß die eingangs erwähnte Vorstellung von der Dichotomie zwischen „Herz" und „Kopf" der Epoche nicht gerecht wird; vom „Witz" wird verlangt, daß er den Menschen sozial einbindet, daß er für gesellschaftliche Praxis genutzt wird und daß er mit Menschlichkeit und Güte gekoppelt ist.
Diesen „Witz" nun erwarten Richard und Jungwitz von Charlotte; sie aber tritt ein, steht stumm vor den beiden Herren (neigt sich lediglich „beständig"! vor), gibt sich nicht einmal zu erkennen. Jungwitz versucht seine Enttäuschung durch einen Witz zu bemänteln:

„Sie sagten ja vorhin, daß sie drey Sprachen spricht.
Die, die wir reden, ist vielleicht die rechte nicht." (3. Auftr.)

Der Vater versucht zunächst, eine Entschuldigung zu finden:

„Sie kennet uns noch nicht, Herr Sohn. Drum ist sie blöde."

Doch dann fordert er:

„Du kannst doch deutsch, mein Kind. Bin ich dir denn willkommen?
Ich habe hier für dich Gesellschaft mitgenommen,
Mit der du sprechen mußt!"

Hier hat die Komödie ihr Thema gefunden, das Staiger zutreffend als „die Kunst des Gesprächs"[32] bezeichnet hat, die Kunst, um es genauer zu sagen, des witzigen Gesprächs. Dieses Thema wird im folgenden entfaltet. Immer wieder geht es um die Bedingungen des Sprechens, um die Entwicklung der Sprechfähigkeit im Sinne von Gesellschaftsfähigkeit, Befähigung zum menschlichen Miteinander, und um die Rolle, die der Verstand dabei spielt.
Der stummen Charlotte wird im 5. Auftritt die nicht schweigen könnende Erzieherin gegenübergestellt, die nicht müde wird, Verstand und Sprechfreudigkeit ihrer vorgeblichen Pflegetochter zu rühmen („Ich seh, sie schwatzt schon hübsch. Die Kunst kann sie vor allem"). In dieser und den folgenden Szenen kommt es immer wieder zu komischen Situatio-

---

(31) Sehr eingehend interpretiert von Durzak, Manfred: Von der Typenkomödie zum ernsten Lustspiel. In: Ders.: Poesie und Ratio. Bad Homburg 1970, S. 9–43.
(32) Staiger, a. a. O., S. 68.

nen, die durch das Mißverhältnis zwischen den Preisreden der Frau Praatgern und dem tatsächlichen kommunikativen Verhalten Charlottes entsteht. Die Erzieherin versteht die Welt nicht mehr; am deutlichsten wird ihre vermeintliche Redefähigkeit als ebenso „unwitzig“ wie Charlottes Stummheit entlarvt, als sie untersucht, woran Charlottes Mißerfolg liegen kann:

„Bist du vielleicht nicht wohl gekleidet? . . . Laß doch sehen!
Nun! . . . dreh dich um . . . Das ist ja gut und sitzt galant.
Was sagt denn der Phantast, dir fehlte der Verstand?
Laß sehn! wie trägst du dich? . . . Den Kopf nicht so zurücke.
Wer fragt: hat sie Verstand? der seh nur ihre Blicke.
Geh noch einmal herum. Gut! hierher! Neige dich.
Da haben wirs, das fehlt. Nein! sieh! so neigt man sich.
Ich find gleichwohl nichts. Herr Jungwitz ist ein Thore.
Sie hat Verstand genug.

Jungwitz scheitert bei allen Versuchen, sie zum Gespräch zu bewegen. Trotz Charlottes Reichtum will er sie nicht zur Gattin:

J.: *Vielleicht reizt ihr Gesicht noch tausend Augen an.*
Wer weiß, wer sie noch sieht, dem sie gefallen kann.
Sie kann noch auf ihr Geld und ihre Schönheit pochen.
R.: *Herr Jungwitz, aber er?*
J.: *Ich habe sie gesprochen.*

Richard versteht ihn, versichert ihn seiner ungebrochenen Freundschaft; Jungwitz erinnert ihn daran, daß er immer die Bedingung gesetzt habe, seine zukünftige Frau müsse ihm „gefallen“. (Auch das Mädchen in „Der Witzling“ weist übrigens mit dieser Formulierung die ihr angesonnene Heirat mit dem „Witzling“ zurück; sie erklärt dem Vormund den Sinn der Vollmacht, die ihr verstorbener Vater ihm übertragen hat:

„Diese Vollmacht sieht einem vernünftigen Vater ähnlich. Er hat nur einer unbedachtsamen Thorheit der Jugend vorbeugen wollen. Er hat mich aber nicht zu einer Sklavinn eines fremden Eigensinnes auf Lebenslang gemacht. Wenn ich mündig, und hoffentlich vernünftig genug seyn werde; so kann ich mich nach eigenem Gefallen verheirathen.“ *(1. Auftritt)*

Inzwischen haben die beiden Herren Leonore, ein geistreiches, kommunikatives Wesen, das es versteht, Komplimente zu machen, Wortspiele zu erfinden, geistreich zu reagieren, verständig zu sprechen, warm, menschlich mit allen Mitmenschen umzugehen (vor allem auch mit der armen Charlotte), kennengelernt, und Leonore – *gefällt* ihnen.

Frau Praatgern hält sie deswegen von den Herren fern; sie hat für sie eine besondere Aufgabe vorgesehen: Leonore soll Charlotte „sprechen lehren“, Charlotte „vorsagen“, „was sie zum Jungwitz sagen soll“ (9. Auftritt).

Leonore nun entwirft eine kleine „Redekunst“, wenn sie folgende Voraussetzungen fürs Sprechen nennt:

1. Man muß der *Natur* vertrauen, die die beste Lehrmeisterin sei; man braucht also keinen, der einem vorsagt, vordenkt. („Es lehrt sie die Natur. Sie können mich entbehren.“);
2. Man muß seinen *Verstand* nutzen, gebrauchen („und daß man etwas denket“) und seine *Vernunft* entfalten („mit Vernunft“);
3. Man muß aber auch *Zutrauen* zu sich selbst gewinnen und *mutig* sein („Nur Zutraun zu sich selbst“);

4. Man muß *Umgang* mit andern Menschen haben, weil die Redefähigkeit auch geübt werden muß („Das fordert Umgang“);
5. Man muß *Zeit* investieren, damit Gespräche sich entfalten;
6. Man muß die *Redesituation* und den *Redepartner* berücksichtigen („Von dem mit jedem spricht, was er zu sprechen weiß“);
7. Man muß auch eigene *Redeinteressen* einbringen („und, wie man selber will, der andern Reden lenket“);
8. Man muß *„Witz“* entfalten, um auch ein angenehmer Gesprächspartner zu werden („zur rechten Zeiten scherzt“). (10. Auftritt)

(Es ist interessant, wie hier Kants „sapere aude“ sich andeutet.) Charlotte aber ist nicht lernfähig. Es kommt zur „Echoszene“ (23. Auftritt), in der Leonore, hinter Charlotte versteckt, ihr leise Antworten vorflüstert. Der Trick wird aufgedeckt, kurz danach auch die Vorgeschichte (Kindesvertauschung); und Jungwitz bittet Leonore um ihre Hand.

In der Gottsched'schen Komödie bliebe nun die „lasterhafte“, unvernünftige Charlotte verlacht und isoliert auf der Bühne stehen; nicht so bei Schlegel. Hier findet sie einen Bräutigam, einen Gelehrten, Philosophen, in seiner Skurrilität Lessings „Jungem Gelehrten“ verwandt, in seinem Sprechverhalten ihm entgegengesetzt: wo Damis spricht, ohne je zu einer wirklich kommunikativen Handlung zu kommen, ohne je auch nur einen vernünftigen Diskurs auch nur anzustreben, schweigt der Philosoph Lakonius in der „Stummen Schönheit“.

J.: *Das Paar schickt sich recht wohl. Nur Hand in Hand geschränket.*
Er spricht nichts, weil er denkt, und sie, weil sie nicht denket.

Richard hat noch einen Einwand: „Wer aber lehrt hernach die Kinder reden?“; und Frau Praatgerns Angebot „Ich!“ ironisiert noch einmal diesen Komödienschluß. (25. Auftritt) *„Reden lehren“* – das ist aber über eine gelungene Schlußpointe hinaus noch einmal die knappmöglichste Formulierung für die Intention der Komödie Schlegels: mitzuhelfen am Aufbau einer Gesellschaft, deren einzelne Mitglieder („jedermann“; wobei „kein Rang“ dieser „Freyheit Gränzen setzen“ darf; 2. Auftritt) sich in gelingenden kommunikativen Akten einander zuwenden und in diesem menschlich-vernünftigen „Umgang“ auch gesellschaftlichen Fortschritt erreichen; und diese neuen Ziele setzen die Bürger zunehmend selbstbewußt der konservativ-feudalen Klasse entgegen.

„Die Kinder reden lehren“ – auch das weist noch einmal zusammenfassend auf eine wichtige Aussage des Textes hin. Die Ursache von Charlottes mangelnden Witz wird eindeutig falscher Erziehung zugeschrieben: Frau Praatgern hat sie nach adligen, Zeremonie und Steifheit in den Mittelpunkt stellenden – unbürgerlichen! – Maßstäben dressiert.

Das Thema der Erziehung spielt nicht nur in der „Stummen Schönheit“ eine entscheidende Rolle; es ist insgesamt in den Komödien der Zeit sehr verbreitet. Die in diesem Zusammenhang aufschlußreichste Variante findet sich in der Komödie „Der Bookesbeutel“ des Hamburgers Heinrich Borkenstein. Der junge Kaufmannssohn Sittenreich, der bezeichnenderweise während seiner Studien in Leipzig zu aufgeklärten Ideen gekommen ist, sagt über die dortige Mädchenerziehung, daß sie „zum Umgange mit Leuten“ anhalte (I/4.); und er verliebt sich in eine Leipziger, in Carolina, die Schwester seines Studienfreundes Ehrenwerth:

„Zum Ehestande gehöret mehr als Essen, Trinken und Schlafen. Es wird ein angenehmer Umgang und eine gute Begegnung beyder Gatten erfordert, welche die verdrießliche Stunden, so im Ehestande vorkommen, versüssen; wodurch einer den andern beständig aufmuntert,

und wodurch die Liebe immer wächset, an statt sie bey andern abnimmt. Es wird Verstand erfordert, wenn einer dem andern seine Fehler zu gute hält. . . . (III/2.)

Seine Schwester Susanna hingegen scheitert beim Versuch, sich Ehrenwerth zu angeln. Sie ist wie Charlotte in der „Stummen Schönheit" falsch erzogen worden, allerdings auf andere Weise: nicht nach für adlig gehaltenen Prinzipien, sondern nach hinterwäldlerischen, althergebrachten, rückständigen Vorstellungen, die den Ansprüchen aufgeklärter Menschen nicht mehr genügen. Ihre Mutter äußert:

„Ich habe bey der Erziehung meiner Tochter keinen Hofmeister nötig gehabt. Sie kann so viele Gerichte kochen, als Tage in der Woche sind . . . Sie kann stricken und nähen . . ." (II/5.)

Umgang pflegt Susanna höchstens mit Verwandten und dem Gesinde; Kulturtechniken wie z. B. lesen hat sie nicht gelernt. Deswegen holt sie sich auch vor der ersten Begegnung Rat bei Charlotte, einer armen, aber gebildeten Nachbarstochter, und bittet sie, ihr eventuell erforderliche Antworten einzusagen (vgl. Echoszene bei Schlegel). Nach dem Treffen beklagt sie sich bitter über dessen Verlauf:

„Was mich aber am meisten verdroß, war dieses: daß die fremde Jungfer und Charlotte allenthalben mit einredeten, und daß der Fremde und mein Bruder sie immer lobeten." (II/1.)

Ehrenwerth wählt Charlotte zur Frau; Sittenreich rechnet mit seinen Eltern und seiner Schwester ab: sie seien allenfalls als reicher „Pöbel" zu bezeichnen, wiesen aber außer Geld und Dünkel keine Vorzüge auf, die sie zum Umgang mit aufgeklärt denkenden und sprechenden Menschen befähigten.

3. Methodische Anregungen

Auf explizite Hinweise zur Organisation von Unterrichtsgesprächen, die der Klärung der Textaussage, der Textstruktur oder der Textfunktion gelten, – z. B. durch Anführen entsprechender Fragen – wird verzichtet, da diese aus den bisherigen didaktisch-inhaltlichen Überlegungen leicht abgeleitet werden können.

Statt dessen werden im folgenden verschiedene didaktisch-methodische Hinweise für vier unterschiedliche Phasen der Unterrichtsplanung und Unterrichtsdurchführung gegeben.

a) Vorbereitung der Erstrezeption im Sinne des „verzögerten Lesens"

Eine Unterrichtseinheit zur „Stummen Schönheit", die direkt mit der Lektüre einsetzte, hat ergeben, daß die Schüler den Text zwar durchweg „amüsant", „komisch" fanden, allerdings auch recht „belanglos" (damit war gemeint, daß sie den Text „verstanden" hatten – offensichtlich verstieß der Text damit gegen Leseerwartungen, die die Schüler schulischer Lektüre entgegenbringen). Trotz (wegen?) des inhaltlichen Verständnisses war es schwierig, den Schülern nachträglich den ihnen bei der Lektüre entgangenen „Sinn" des Textes nahezubringen. Diese Erfahrung hat gezeigt, daß es bei dieser Komödie besonders wichtig ist, die Erstrezeption durch eine vorausgehende Beschäftigung mit dem Inhalt oder den Problemen des Textes vorzubereiten.[33]

Hierfür sind verschiedene Möglichkeiten denkbar:

1) Vorgabe des Personenverzeichnisses, erweitert um einige zusätzliche Informationen zu Charakter, Lebensbedingungen usw. (z. B. Richard, ein alter reicher Mann vom Lande, hat

---

(33) vgl. hierzu theoretisch: Frommer, Harald: Verzögertes Lesen. In: Der Deutschunterricht 33/1981, H. 2, S. 10–27.

seine Tochter einer Städterin zur Erziehung anvertraut. Nach zwanzig Jahren kommt er in die Stadt, um sein Kind wiederzusehen); Arbeitsauftrag: Welcher Handlungsverlauf ist denkbar?

2) Entwicklung eines möglichst umfassenden Fragebogens (im Stil von Frauen- oder Jugendzeitschriften) zum Thema: Wie stelle ich mir meinen Partner/meine Partnerrin vor? (Diese Arbeit sollte in Gruppen erfolgen und, obwohl die Aufgabe zunächst eher lustig erscheint, ernsthaft gelöst werden. Die Schüler sollen sich in ihren Arbeitsgruppen darüber verständigen, welche Erwartungen heute an potentielle Partner gestellt werden und wie breit das Spektrum möglicher Erwartungen [z. B. äußerliche, charakterliche, ökonomische, berufliche, moralische, intellektuelle, sexuelle, soziale u. a.] ist. Auf diese Weise können sie sich auch ihrer eigenen Erwartungen bewußt werden, ohne diese direkt äußern zu müssen. Der Fragebogen soll für Männer und Frauen getrennt entworfen werden und so konzipiert sein, daß passende Antworten angekreuzt werden können.

Wie der so erstellte Fragebogen ausgewertet wird, sollte der Lerngruppe überlassen werden.

Auf jeden Fall sollte am Schluß dieser Unterrichtsphase der Arbeitsauftrag erteilt werden, daß die Schüler ankreuzen, welche Antworten – ihrem Vorwissen oder ihren Spekulationen nach – um 1750 wohl die Priorität gehabt haben mögen. Auf diesem Hintergrund wären die Schüler dann befähigt, das Neuartige und Progressive in den Äußerungen von Jungwitz im 2. Auftritt der Komödie gezielt wahrzunehmen.)

3) Analyse von Heiratsanzeigen

(Auch dies Verfahren dient der Hinführung zur Textrezeption ausgehend vom 2. Auftritt. Die Schüler sollen versuchen, durch die Analyse einer Vielzahl von Heiratsanzeigen herauszufinden, welche Wünsche an Partner heute dominieren. Danach sollten sie den Versuch unternehmen, eine Heiratsanzeige zu entwerfen, wie sie um 1750 hätte veröffentlicht werden können.)

4) Entwerfen von Folgeszenen zum 2. Auftritt

(Nach der Lektüre und Besprechung des 2. Auftritts – ohne Angabe des Titels des Textes – könnten die Schüler in Arbeitsgruppen verschiedene Folgeszenen [in Prosa] entwerfen, in denen verschiedene Frauen„typen“ den beiden wartenden Herren konfrontiert werden, z. B. solche, die Richards oder Jungwitz’ Vorstellungen entsprechen, aber auch solche, die ihren Erwartungen widersprechen. Dabei können auch verfremdende Szenen konstruiert werden, in denen die beiden Herren auf an modernen Wunschbildern orientierte Mädchen oder Frauen stoßen. Dies Verfahren würde das Rezeptionsinteresse der Schüler auf die Gestaltung der Frauen in Schlegels Komödie lenken.)

5) Herstellung einer Collage „Die stumme Schönheit“

(Die Schüler könnten aus Abbildungen in Frauen- oder Jugendzeitschriften sowie aus Postern Collagen herstellen, durch die sie den derzeitigen Inbegriff des Modischen/„Schönen“ satirisch verdeutlichen. Solche Gestaltungen können eventuell auch als Werbeplakate für eine Theateraufführung verwandt werden. Diese vorbereitende Aufgabe stellt die Frage der Orientierung an Leitbildern in den Mittelpunkt und führt direkt zur Untersuchung der Erziehungsabsichten der Frau Praatgern im 8. Auftritt.)

b) Gewinnung der historischen und aktuellen Dimension

Im Sinne der didaktisch-inhaltlichen Überlegungen zu Schlegels Komödie sind zu einer Reihe von Fragestellungen Zusatztexte einzubringen. Dies bezieht sich vor allem auf:

1) Erziehung und Ausbildung von Mädchen früher[34)]
(Der aktuelle Bezug besteht darin, daß und wie zur Zeit – also in einer wirtschaftlich krisenhaften Situation – das gerade erst, wenngleich auch nur theoretisch akzeptierte Postulat der Gleichberechtigung von Mann und Frau in Frage gestellt wird: durch die Benachteiligung von Mädchen bei der Ausbildungsplatzsuche, durch das Ansinnen an verheiratete berufstätige Frauen, ihren Arbeitsplatz freiwillig zugunsten Arbeitsloser aufzugeben usw.)
2) Die Rolle von Vernunft und Gefühl beim Entwurf von Lebensplänen und bei der Sinnkonstituierung der Gesellschaft[35)]
(Diese Fragestellung müßte von der eingangs beschriebenen Neubewertung der Emotionalität her entwickelt werden.)
3) Wirkungsabsichten und Wirkungsmöglichkeiten von Literatur[36)]
(Auch hierzu sind die gegenwärtigen Anknüpfungsmöglichkeiten bereits genannt worden.)

c) Interpretation durch (Planung einer) Aufführung

Der ausdrückliche Rezipientenbezug aufgeklärter Dichtung läßt es sinnvoll erscheinen, daß möglichst viele Fragestellungen und Untersuchungsaufträge so in den Unterricht eingegeben werden, wie sie in Einblick auf eine mögliche Aufführung relevant werden könnten.
Hier sind nur einige knappe Anregungen möglich[37)]:
1) So kann beispielsweise die bei der Behandlung dramatischer Literatur übliche Besprechung der Charaktere der einzelnen Personen durch die Erstellung von Rollenporträts ersetzt werden. (Die Schüler entwickeln – am besten arbeitsteilig in Gruppen – genaue Vorstellungen darüber, wie die betreffenden Personen auf der Bühne aussehen [Kleidung, Frisur, Größe . . .], sprechen [Sprechtempo, Intonation . . .] und sich bewegen [Gestik, Mimik, Verhalten zu andern Personen . . .] sollen. Dabei ist besonders auf die Kontrastierung Charlotte – Leonore zu achten.)
2) Statt zu untersuchen, worin die Komik des Textes besteht, könnten die Schüler überlegen, durch welche Mittel man auf der Bühne am ehesten die von Schlegel intendierte komi-

(34) Hierzu gibt es eine Fülle von Material, vgl. z. B. Kinderalltag. Deutsche Kindheiten in Selbstzeugnissen 1700–1900. Hardach-Pinke, Irene u. Hardach, Gerd (Hrsg.). Reinbek 1981 (rororo 7436). S. bes.: Leporin, Dorothea Christina: Gründliche Untersuchung der Ursachen, die das weibliche Geschlecht vom Studiren abhalten. Berlin 1742 (Nachdruck Hildesheim 1975).
(35) z. B. Vergleich von autobiographischen Texten aus dem 18.–20. Jahrhundert und von subjektiven Schreibtexten der letzten Jahre; Besprechung von Texten aus Kant, Erhard, a. a. O.; sprachliche und inhaltliche Analysen neuerer Regierungserklärungen.
(36) Hierzu gibt es viele brauchbare Anthologien, die nicht gesondert angeführt werden. Von Schlegels Schriften ist besonders der Aufsatz „Gedanken zur Aufnahme des dänischen Theaters“, a. a. O., S. 193–226 zu erwähnen.
(37) Speziell zum „literarischen Theater“ im Vergleich zu dem heute üblicheren Spiel nach eigenen Spielvorlagen vgl. Meißner, Hans: Literarisches Theater – Ein Plädoyer. In: Der Deutschunterricht 35/1983, H. 3, S. 90–98.
Schülergruppen seien speziell auf die Komödien aus der Epoche der Frühaufklärung hingewiesen. Ihre Aufführung ist auch bei begrenzten zeitlichen und technischen Möglichkeiten erreichbar (damalige Situation der Wanderbühnen, für die Stücke geschrieben werden mußten, die ohne größeren Aufwand inszeniert werden konnten). Zudem stellen die Stücke meist nur solche Anforderungen an „Schauspielkunst“, die fast jedem Schüler zur Verfügung stehen (kaum Psychologisierung usw.). Auch könnte es einfach Spaß machen, lustige Stücke aufzuführen, deren Inhalt mit der heutigen Situation in Bezug gesetzt werden kann, ohne die Konkurrenz durch das Theater vor Augen haben zu müssen.

sche Wirkung erzielen könnte. Hier wäre beispielsweise zu besprechen, ob man Charlotte, wie es wohl Lessing bereits vorgeschwebt hat[38], als eine Art Marionette auftreten lassen sollte. (In diesem Zusammenhang wäre auf Henri Bergsons „Das Lachen“ einzugehen, wo Komik als Folge automatisierter, erstarrter, mechanischer Verhaltensweisen und Denkschemata erklärt wird, die durch das Lachen als sozialem Akt entlarvt und zurückgewiesen werden.[39] Besonders automatenhaft reagiert Charlotte in der Echoszene, deren komische Wirkung deswegen genau entfaltet werden sollte.)

3) Die Versform der Komödie kann in ihrer Funktion am besten durch Leseproben erfahren werden. (Dadurch werden Charlottes und Laconius' Unfähigkeit, am Kommunikationsspiel teilzunehmen, offensichtlich.)

4) Besprochen werden sollte auch, inwieweit eine im Sinne Brechts verfremdende Inszenierung angebracht wäre.

4. Mögliche Einbettung der „Stummen Schönheit“ in verschiedene Unterrichtsreihen bzw. Kurse

„Die Stumme Schönheit“ könnte in verschiedenen Unterrichtsreihen einen sinnvollen Platz finden. Solche Unterrichtsreihen könnten sich mit Fragen der Sozialisation, der Rolle des Sprechens beim Aufbau sozialer Beziehungen usw. befassen; sie könnten aber auch dazu dienen, die Gemeinsamkeiten von Texten aus einem bestimmten vergessenen oder „unterdrückten“ aufklärerischen Überlieferungszusammenhang – eventuell in Zusammenhang mit Texten von Lichtenberg, Heine, Feuchtwanger, H. Mann u. a. – aufzuspüren und den Gründen für die Vernachlässigung dieser Tradition nachzugehen; oder sie könnten auch anhand der Untersuchung von Komödien aus verschiedenen Zeiten die Frage in den Mittelpunkt stellen, welche soziale Funktion jeweils von dem durch bestimmte, zeitbedingte komisierende Darstellungen erzeugten Lachen/Verlachen erwartet worden ist/wird.

---

(38) Hamburgische Dramaturgie, 13. Stück.
(39) Bergson, Henri: Das Lachen. Jena 1921.

Zitierte Ausgaben:
„Die stumme Schönheit“ und „Der Witzling“ werden nach „Komedia 1“ (vgl. Anm. 20) zitiert; Lessings „Der junge Gelehrte“ nach Band 1 der Winkler-Ausgabe; Borkensteins „Der Bookesbeutel“ nach der Ausgabe in: Deutsche Literaturdenkmale des 18. und 19. Jahrhunderts. Leipzig 1896.
Literatur zu „Die stumme Schönheit“ (soweit noch nicht in den Anmerkungen erwähnt): Aufklärung. Erläuterungen zur deutschen Literatur. Hg.: Kollektiv für Literaturgeschichte im Volkseigenen Verlag Volk und Wissen. Berlin 1970, S. 263–271; Eichner, Siglinde: Johann Elias Schlegel. In: Deutsche Dichter des 18. Jahrhunderts. Hg.: von Wiese, Benno. Berlin 1977. S. 162–175; Friederici, Hans: Das deutsche bürgerliche Lustspiel der Frühaufklärung (1736–1750) unter besonderer Berücksichtigung seiner Anschauungen von der Gesellschaft. Halle (Saale) 1957; Holl, Karl: Geschichte des deutschen Lustspiels. Darmstadt 1964, S. 145–156; Schoeller, Bernd: Gelächter und Spannung. Studien zur Struktur des heiteren Dramas. Zürich 1971 (Zürcher Beiträge zur deutschen Literatur- und Geistesgeschichte 39), S. 45–50; Schonder, Hermann: Johann Elias Schlegel als Übergangsgestalt, Würzburg 1941, S. 48–57; Steffen, Hans: Die Form des Lustspiels bei Johann E. Schlegel. In: Germanisch-Romanische Monatsschrift 1961, S. 413–431; Wolff, Eugen: Johann Elias Schlegel. Kiel: Leipzig 1892 (immer noch die einzige umfassende Darstellung Schlegels).

FORUM

Die Vielzahl der Bemühungen, im Jahre 1983 der Entwicklungen und Ereignisse des Jahres 1933 und der Folgezeit zu erinnern, war geboten.
Zulange ist hierzulande der notwendigen Auseinandersetzung mit der faschistischen Vergangenheit ausgewichen worden.
Damit es nicht beim durch die runde Jahreszahl bedingten „Gedenken" bleibt, und weil sich erst in den nächsten Jahren und Jahrzehnten erweisen wird, ob und welche Wirkung die späte, aufklärerische Arbeit der letzten Monate haben wird, publizieren wir ganz bewußt die von Hans Mayer vom Mai 1983 im Züricher Schauspielhaus gehaltene Rede im ersten Heft des Jahrgangs 1984.
Immerhin hat 1984, verursacht auch durch einen literarischen Text, schon etwas wie eine Aura, der die tatsächlichen Entwicklungen immerhin ähnlich sind. Erinnerung ist mehr als sich erinnern.

Redaktion Der Deutschunterricht

Hans Mayer

Die Literatur und der Scheiterhaufen

Gedanken zur Bücherverbrennung

In Shakespeares letztem Theaterstück, dem „Sturm", einer Komödie bekanntlich, verabredet Caliban mit seinen bewunderten weißen Göttern Stephano und Trinculo die Ermordung des zaubermächtigen Gebieters und Bücherlesers Prospero. Caliban ist, wie Shakespeare schreibt, a savage and deformed slave, was bei Schlegel-Tieck mit „ein wilder und mißgestalter Sklave" übersetzt wird. Stephano ist ein meist betrunkener Kellner, und Trinculo ein professioneller Spaßmacher. Zwei Gestalten aus einer verlotterten Stadt- und Adelsgesellschaft, die durch Prosperos Zauberstab hierher, in den Inselbereich, gezwungen wurden. Daß sie keine Bücherleser sind, hat der schlaue Caliban, der bei seinem Meister Prospero sogar gelernt hat, in Versen zu sprechen, bald heraus. Um so besser taugen sie ihm als Partner beim Mordgeschäft.
Im Dritten Akt schärft er ihnen ein, wie man den Zauberer erledigen kann: im Schlaf nämlich. Das ist ein Motiv, von welchem Shakespeare nicht loskommt. Macbeth mordet den Schlaf. Der Vater Hamlets wurde im Nachmittagsschlaf durch den Bruder Claudius getötet. Auch Prospero soll es so ergehen: allein der „Sturm" ist eine Komödie. Caliban kennt viele Möglichkeiten: man kann dem Verhaßten den Schädel zerschlagen, man kan ihn pfählen, das Messer an seine Kehle setzen. Wichtig ist nur eines: man muß vorher seine Bücher ver-

nichten. Dreimal schärft es der Wilde den Spießgesellen ein: Man muß sich seiner Bücher bemächtigen, heißt es zuerst. Dann noch dringlicher:

Denk dran, dich erst der Bücher zu bemeistern,
Denn ohne sie ist er nur so ein Dummkopf,
Wie ich bin.

Ohne Bücher sei Prospero machtlos. Kein Zaubergeist stehe ihm dann noch zu Gebot. Folglich: „Burn but his books." – Verbrenn ihm nur die Bücher, heißt es in der romantischen deutschen Übersetzung.

Caliban und Prospero. In ihnen hat Shakespeare einen Grundkonflikt der Neuzeit geformt und gleichsam vorgeformt: die Antinomie einer magischen und einer rational-aufgeklärten Lebensweise. Im Namen Caliban erkennt man noch die Herkunft von jenen Kannibalen, denen Montaigne, wie der Montaigne-Kenner und Bücherleser Shakespeare wußte, ein wesentliches Kapitel eingeräumt hatte in seinen Essays. Aufgetreten war der Konflikt in der Wirklichkeit einer frühen Neuzeit nach den großen Entdeckungsreisen der Europäer, als man sich die Frage stellen mußte, als Philosoph, als Politiker, nicht zuletzt auch als Jurist: ob diese Wilden in Ost- oder Westindien eigentlich Menschen seien, und als solche zu behandeln. Montaigne war ihnen gewogen, nicht so Shakespeare. Der Konflikt geht weiter und weist hinüber in die große bürgerliche Aufklärung des 18. Jahrhunderts. Voller Bitterkeit empfindet sich König Thoas von Tauris vor Iphigenie immer noch als ein Nachfahre des Caliban. Er solle handeln wie ein humaner Mensch, das werde von ihm verlangt, allein Atreus der Grieche könne nicht als Vorbild dienen. Iphigenie antwortet unter Berufung auf die Einheit einer Wahrheit, die gültig sei für alle Menschen. Sarastro steht immer noch zornig und gebietend vor Monostatos, dem Caliban im Gefolge der Nächtlichen Königin. Immanuel Kant hatte in seiner Schrift „Entstehung des Begriffs einer Menschenrasse" all diese angeblichen Antinomien zwischen Prospero und Caliban als willkürlich und unbeweisbar abgetan: „Die Klasse der Weißen ist nicht als besondere Art in der Menschengattung von den Schwarzen unterschieden, und es gibt gar keine verschiedene Arten von Menschen. Dadurch würde die Einheit des Stammes, woraus sie hätten entspringen können, abgeleugnet, wozu man, wie aus der unausbleiblichen Anerbung ihrer klassischen Charaktere bewiesen worden, keinen Grund, vielmehr einen sehr wichtigen zum Gegenteil hat."

*

Wir sind heute und in einem Hause, das dem Dienst an großen dramatischen Texten gewidmet ist, also Büchern, zusammengekommen, um jene Bücherverbrennung zu erinnern, die am 10. Mai 1933 in vielen deutschen Städten zelebriert wurde. Ein Minister für Volksaufklärung und Propaganda – als wären das nicht Gegenbegriffe! – hatte die einheitliche Dramaturgie entworfen. Alles war straff organisiert. Man hatte aus Büchern gelernt, wie man Bücher verbrennen kann. Man wußte, was das ist: ein Autodafé. Das Ereignis selbst, mit besonderer Sorgfalt inszeniert: in Berlin auf dem freien Platz vor der Hedwigskirche, neben dem Opernhaus, das Knobelsdorff entwarf für Friedrich von Preußen und gegenüber jener Berliner Universität, die Wilhelm von Humboldt geplant und entworfen hatte, wurde so pathetisch vollzogen, daß der Umschlag in Komik erfolgen mußte. Erich Kästner hat darüber berichtet. Er war dabei als Ohren- und Augenzeuge, als Kästners Bücher mit markigen Verwünschungen ins Feuer geworfen wurden. Manche der Umstehenden hatten ihn erkannt. Sie waren eher betreten und verstört, keiner tat ihm etwas an. Daß Germanisten, also Professoren und Studenten der deutschen Sprache und Literatur, bei diesem Vorgang als Hen-

kersknechte fungierten, war immerhin absonderlich. In Göttingen sprach ein habilitierter Germanist die Verdammungsurteile. Die Paradoxie seines Verhaltens an jenem 10. Mai vor fünfzig Jahren hat nicht verhindert, daß er später, nach dem Zweiten Weltkrieg, an einer großen Universität der Bundesrepublik Deutschland abermals auf einen Lehrstuhl berufen wurde mit der Verpflichtung, den jungen Menschen einer neuen Generation das sorgfältige Lesen der Bücher und den Respekt vor dem geschriebenen Wort beizubringen.
Merkwürdig, jenes Spektakel war vergleichsweise harmlos, wenn man bedenkt, was vor fünfzig Jahren sonst noch geschah und erst recht: was dann nachfolgen sollte. Was war das Autodafé an Büchern von Heinrich Mann und Kurt Tucholsky, von Brecht und Kästner, Alfred Kerr und Walter Mehring, Erich Maria Remarque und Lion Feuchtwanger, im Vergleich zu den Öfen von Auschwitz und Maidanek. Dennoch ist, und mit Fug, das geschmacklose Schauspiel der brennenden Bücher bis heute unvergessen geblieben. An jenem Tage war mehr geschehen als die Einäscherung von bedruckten Papierseiten. Noch lebten die Autoren, deren Texte damals verdammt und den Flammen übergeben wurden. Noch waren sie nicht umgebracht, exiliert, freiwillig aus dem Leben geschieden, um der Folter zu entgehen. Noch fanden sich andere Exemplare ihrer Bücher in den Wohnungen und Privatbibliotheken, selbst wenn die öffentlichen Büchereien sich auf Geheiß des Literaten Goebbels dieses literarischen Schmutzes von nun an zu entledigen hatten.
Die Bücher sind alle wieder da, man kann sie lesen. Sie alle haben das Autodafé nach einem halben Jahrhundert mühelos überstanden, offensichtlich hatte ein gutes literarisches Urteil die negative Selektion bestimmt. Die damals verbrannten Bücher hatten es in sich, wie man auch heute noch weiß. Der „Untertan“ von Heinrich Mann blieb virulent bis heute. Der ”Fabian“ von Erich Kästner, ein Roman vom Jahre 1931 und mit dem Untertitel „Die Geschichte eines Moralisten“, ist immer noch ein Text von heute, kein historisches Dokument, das man kopfschüttelnd und unbeteiligt beiseitelegt.

Deutsche Absage an Traditionen der Aufklärung

Auch die Erinnerung an jenen 10. Mai 1933 ist notwendig geblieben und verstörend nach wie vor, *weil hier in geschmackloser, doch genau durchdachter Zelebrierung eine deutsche Absage gefeiert wurde an alle Traditionen der europäischen Aufklärung.* Das wird evident, wenn man den geschichtlichen Zusammenhang aus der Erinnerung rekonstruiert.
Ich habe die erste Jahreshälfte 1933 damals als ein Geächteter, seit dem 30. Januar, in Deutschland erlebt. Ich befand mich am 10. Mai 1933 auch in Berlin, doch wäre es mir nicht in den Sinn gekommen, gleich dem bewunderten Erich Kästner, meine einstige Universität Unter den Linden aufzusuchen, um in die Flammen zu schauen. Zu Hause in Köln hatte es bereits die Haussuchung gegeben, allein man wußte glücklicherweise nicht, wo ich war. Auch einen Teil meiner Bücher hatte man zornig weggeschleppt. Später wurde mir berichtet, besonderen Anstoß bei den braunen Plünderern habe ein Buch von Arnold Zweig erregt mit dem Titel „Juden auf der deutschen Bühne“. Auf dem Titel gab es die Photographie eines großen Schauspielers in einer großen Rolle. Fritz Kortner als Shylock.
Wer jene Monate erleben, erdulden, erleiden mußte, denkt daran zurück als an eine Mischung aus Groteske und Horrorspiel. Wie dort selbstgefällig die siegreiche Schar der braunen Bataillone mitsamt ihren Führern und Unterführern praktizieren durfte, was der Soziologe Max Weber kühl die „Prämie auf den Machtbesitz“ genannt hat. Thomas Mann faßte es voller Abscheu in seinen Tagebüchern in zwei herrlichen Sätzen zusammen. Ungemein

treffsicher, weil er sich dabei des Vokabulars eines kleinbürgerlichen Wohlergehens bediente. Auch er war bereits im Exil, hier in der Schweiz. An eine Rückkehr nach München war nicht zu denken. . . Alles erfuhr er aus den Zeitungen, die frei und ungeschminkt berichteten, und er notierte: „Man versagt sich nichts. Man gönnt sich alles."
Man gönnte sich die Selbstfeier *und* die Marterung der Feinde, die nach wie vor zahlreich waren. Immanuel Kants Behauptung, zwischen den menschlichen Rassen seien naturgegebene Unterschiede des Wertes und der Fähigkeit nicht festzustellen, wurde auf Führerbefehl als Irrlehre beseitigt. Es gab Herrenmenschen und Untermenschen: von Natur aus.
Die Todesstrafe war aufrechterhalten worden auch in der Weimarer Republik. Man hatte jedoch die Exekution durch die Guillotine auf wenige Verbrecher einer besonderen Art beschränkt, auf Massenmörder wie Haarmann und Kürten. Nun sollte gezeigt werden, was Abschreckung bedeutet. Nicht umsonst hatten die braunen Führer schon lange vor der Machtergreifung von einer „Nacht der langen Messer" geträumt und die Losung ausgegeben: „Köpfe werden rollen". Nun war es so weit. Das Fallbeil war eine welsche Erfindung, undeutsch also. Die neue Reichsregierung ordnete an mit Hilfe ihrer Ermächtigungsgesetze, daß die Exekution von nun an durch das Handbeil erfolgen müsse. Ungefähr um die Zeit der Bücherverbrennung kam es dazu. Da man im Zuge der Neuordnung eines erwachten Deutschland auch ein Gesinnungs-Strafrecht eingeführt hatte, schleppte man die politischen Gegner von gestern an den Block, um sie zu köpfen. Auch eine Frau war damals darunter.
Absage in jenen Wochen und Monaten an alle Denkweisen sowohl des bürgerlichen Humanismus wie erst recht der Grundpostulate einer deutschen Arbeiterbewegung. Beseitigung des Rechtsstaates und der Gewaltenteilung. Als später, am 30. Juni 1934, der von einer Vorsehung gesandte Führer seine einstigen Kampfgefährten als angebliche Rebellen über den Haufen schießen ließ, wobei man nicht kleinlich vorging bei der Auswahl der Opfer, so daß auch der Vorgänger des jetzigen Reichskanzlers, der General Kurt von Schleicher, erschossen wurde, oder der Leiter einer Katholischen Jugendbewegung, definierte der Kronjurist, Professor Carl Schmitt, die Maßnahmen seien rechtens: nämlich aus dem originären Recht des „Führers".
Handbeil und Folter; Gesinnungsstrafen und Konzentrationslager als Stätten einer sogenannten Schutzhaft, weil man natürlich, aus purer Menschlichkeit, die Feinde des Neuen Deutschland vor dem Volkszorn zu schützen hatte; spektakuläres Judenpogrom am 1. April 1933 und Bücherverbrennung am 10. Mai: alles gehörte zusammen. Nur von diesem geschichtlichen Kontext her läßt sich das Ereignis genauer verstehen. Allein eben daran wird offenbar, warum uns jene kindische Feuerspielerei auch heute noch mehr abverlangen muß, als eine verächtliche Handbewegung.
Calibans Wunsch, die Bücher zu verbrennen und damit die Zaubermacht des Prospero zu bannen, um anschließend einen Nagel durch den Kopf des schlafenden Zauberers zu treiben, darf nicht dazu führen, jenes Geschehen vor einem halben Jahrhundert, voller Gleichmut und in der Fülle eines geschichtlichen Wissens einzuordnen in dunkle Traditionen der Menschengeschichte, die voll sind des Grauens, der Wut und des Geschreis. „Full of sound and fury", heißt es bei Shakespeare: diesmal in einer Tragödie, die vieles dergleichen vorzeigt. In der Bundesrepublik Deutschland gibt es gerade jetzt merkwürdige Bestrebungen der Archivisten, an jenen 10. Mai 1933 dadurch zu erinnern, daß man gleichsam ein Geschichtsmuseum historischer Autodafés zusammenstellt. Mit dem Kalifen Omar, der die

Bibliothek der antiken Welt zu Alexandria einäschern ließ im Namen des islamischen Fundamentalismus, und vielen anderen Zeugnissen einer entsetzensvollen Geschichte der Menschheit. Solchem Tun muß widersprochen werden. Dadurch wird das Nachdenken über jene bis heute weiterwirkende und unheilvoll gebliebene Frühgeschichte eines Dritten Reichs historistisch geglättet und als bloßes Moment irgendwelcher Geschichtsprozesse bagatellisiert. Wer sich hier, gleichmütig und hegelisierend, auf Prozesse des Weltgeistes berufen möchte, mag daran erinnert werden, daß sich just bei Hegel auch die Formel findet von einer „Nacht, worin alle Katzen grau erscheinen müssen".

Es ist durchaus nicht damit getan, nur jene eine Seite damaliger Vorgänge zu erinnern: die Regression als Zurücknahme der europäischen Aufklärung, die abschätzige Beschimpfung humanistischer Überlieferung als einer bloßen Humanitätsduselei. Der einstige Expressionist Hanns Johst hatte in seinem Theaterstück „Schlageter" einer „positiven" Heldenfigur den Satz in den Mund gelegt: „Wenn ich das Wort Kultur höre, dann entsichere ich meinen Browning!" Das Stück ist vergessen, Hanns Johst als späterer Dichterfürst eines Dritten Reiches wohl ebenfalls. Den Satz jedoch hat sich eine Mitwelt gemerkt, und sie hat ihn der Nachwelt überliefert.

Dieser Gegenaufklärung aber und Großen Zurücknahme entsprach ein anderer Prozeß, der durchaus nicht ungleichzeitig war, sondern gleichzeitig und gesellschaftlich zeitgenössisch in höchstem Grade. Dr. Goebbels war kein Caliban, und er war auch kein später Nachfahre der deutschen Romantik. Seine gebildeten Romantizismen waren Zitat, Versatzstück, höchst zeitgenössisches Theaterspiel außerhalb des Theaters. Was er trieb, war weder primitiv noch simpler Rückfall in Barbareien von einst, sondern hat – insgesamt – eine neue Phase in der Geschichte des 20. Jahrhunderts eröffnet: *nicht allein in der deutschen Geschichte.*

Neue Formen moderner Inhumanität

Man kennt jene berühmte Alternative, die zuerst im 19. Jahrhundert aufkam und ihre klassische Formulierung im „Kommunistischen Manifest" von 1848 gefunden hat. Damals war der Fortschrittsglaube einer bürgerlichen Aufklärung noch unerschüttert. Die Theoretiker des Proletariats und einer proletarischen Revolution empfanden sich als Erben einer solchen bürgerlichen Illumination: auf einer dialektisch höheren Stufe. Die Arbeiterbewegung als Erbin des bürgerlichen Humanismus. Daher die Alternative, man habe sich zu entscheiden zwischen einem Vorwärtsgehen zum Sozialismus und einem „Rückfall in die Barbarei". Darunter zu verstehen war offensichtlich sowohl das angeblich „finstere" Mittelalter wie auch der Feudalismus und Feudal-Absolutismus.

Allein die Dialektik der Aufklärung äußert sich vor allem darin, daß absolute Regressionen nicht möglich sind. Friedrich Schillers Traum von einer ewigen Wiederholung im Leben einer alternden Menschheit, dem Schillers Idealismus zu begegnen suchte mit dem Vertrauen auf eine ewig jung bleibende Phantasie, also auf die Zeitlosigkeit der Kunstgebilde, kann von uns nicht mitgeträumt werden. Nichts wiederholt sich im Leben. Das scheinbar Gleiche ist, schaut man genauer hin, von Grund auf ungleich. Weshalb alle Barbarismen in der Frühgeschichte des Dritten Reiches keine Wiederholung darstellten, also auch keinen Rückfall, sondern *die neue Form einer höchst modernen Inhumanität.* Eben darum ist bis heute das Phänomen dieses deutschen Dritten Reiches unheimlich und, bei allen Interpretationsversuchen, auch unerklärlich geblieben.

Es hat bis heute keine zulängliche Theorie des sogenannten *Faschismus* gegeben. Im Gegenteil möchte ich meinen, daß der Versuch einer Generalisierung und Nivellierung: Mussolini und Hitler zusammenzuwerfen und zu verknüpfen mit irgendwelchen Militärdiktaturen in Europa oder erst recht in Lateinamerika, in Wirklichkeit für jeden einzelnen Sonderfall eine falsche Deutung abgibt, sogar eine viel zu harmlose Interpretation. Man subsumiert die neu auftretenden und verstörenden Vorgänge eines staatlichen Terrorismus, eines Verbots der Bücher und des Bücherschreibens, der Einrichtung von Lagern für Mißliebige und ohne jeglichen Rechtsschutz für die Häftlinge, dem angeblich wohlbekannten Phänomen „Faschismus". Gemeinsam freilich ist all diesen Phänomenen von vorgestern, gestern und heute und wohl auch morgen, daß dabei die Aufklärung zurückgenommen und verhindert werden soll. Allein es sind nicht mehr Calibans am Werke, die zuerst die Bücher wegschaffen möchten, um anschließend zu pfählen, zu strangulieren, den Genickschuß zu applizieren.
Die Geschichte des Dritten Reiches ist darum so bedrängend und virulent geblieben, weil sie zum ersten Mal in Reinheit das durchaus neue Phänomen einer Gegenaufklärung sichtbar machen sollte: *eine Barbarei aus Kunststoff, verchromt und in der Stromlinie.* Das haben wir inzwischen zur Kenntnis nehmen müssen. Eben deshalb ist die Formel vom „Rückfall in die Barbarei" ein freundlicher Euphemismus. Wer die tägliche Zeitung liest, und seine Einbildungskraft ein bißchen spielen läßt, wird es bestätigen müssen.
Noch ein anderes Phänomen hat sich zum ersten Mal vor fünfzig Jahren offenbart und damit Anlaß gegeben für unsere Anstrengung des Begriffs: das Auseinanderfallen der geschichtswissenschaftlichen und der naturwissenschaftlichen Begriffsbildung. Seit langem ist der von Heinrich Rickert zuerst analysierte Dualismus in der akademischen Erörterung wohlbekannt. Nach dem Zweiten Weltkrieg hat der Engländer C. P. Snow die Auseinandersetzung weitergeführt durch seine Bemerkungen über die sogenannten „zwei Kulturen": eine humanistische und eine am Schicksal von Menschen angeblich kaum mehr interessierte naturwissenschaftlich-technologische Denkweise nebst Praxis.
Auch im Dritten Reich vollzog sich in jenen schrecklichen zwölf Jahren von 1933 bis 1945 die Absage einer deutschen Wirklichkeit, auf allen Gebieten, an jegliche Tradition einer bürgerlich-humanistischen Überlieferung. Die Perfektion der Vernichtungsfabriken von Auschwitz war unmittelbare Folgerung aus einer politischen Dezision, die scheinbar so harmlos, ein bißchen läppisch und ein bißchen grauenhaft, begonnen hatte mit dem Handbeil und dem Verbrennen mißliebiger Bücher.
Geist und Politik des Hexenhammers bedeuten die bewußte Abkehr von Vernunft, Wissenschaft und Humanität. Es hat eine tiefe Bedeutung, wenn Thomas Mann in seinem Roman vom Dr. Faustus, der unter anderem auch ein Roman vom sogenannten deutschen Faschismus ist, eine seiner Figuren, einen vom totalitären Denken angekränkelten deutschen Intellektuellen, mit dem Namen Dr. Institoris versieht. Den gleichen Namen trug der Verfasser des Buches „Hexenhammer" aus dem Jahre 1487. Wir erkennen also hinter der Bücherverbrennung des 10. Mai 1933 das Gesamtsystem aus Terror und Propaganda, Hexengeist, Folter und spektakulärer Schaustellung.
Allein dieser Rückblick kann nicht genügen. Man muß weiterfragen, wie es zu jenem Bücherbrand kommen konnte, und dann weiter zu einer Eskalation des Grauens, die wir alle kennen: die meisten aus eigenem Erleben. Wie konnte das möglich werden in Deutschland? Worin unterschieden sich jene Studenten des Jahres 1933, die offenbar bereitwillig,

ganz erfüllt vom Geist einer Neuen Zeit, die Bücher herbeischleppten und auf Kommando ins Feuer warfen, von jenen deutschen Studenten des Hambacher Festes von 1832, die im Zeichen des bürgerlichen Humanismus und Demokratismus den aus Paris nach Deutschland zurückgekehrten jüdischen Emigranten Dr. Ludwig Börne als Festredner bejubelt hatten?

Die Schuld der Schuldlosen?

Es erweist sich, wie unzulänglich bis heute alle wissenschaftlichen Bemühungen um eine Theorie des „Faschismus" geblieben sind: wofern sie mehr geben wollten als eine gut recherchierte Zusammenstellung von Tatsachen. Auch die Literatur hat hier versagt, also die Einbildungskraft. Mit ihr natürlich die Literaturwissenschaft.
Man machte es sich ein bißchen leicht mit der literarischen Interpretation der deutschen Ereignisse. Zwei Autoren von Rang hatten stellvertretend eine Deutung versucht. In Carl Zuckmayers Schauspiel „Des Teufels General" waren eigentlich alle anständigen Leute dagegen, vermochten sich aber nicht durchzusetzen gegen die paar wirklichen Nazis und ihr Regime. Daran mußte auch der anständige Kampfflieger General Harras schließlich zugrundegehen. In dem Roman „Das siebte Kreuz" von Anna Seghers scheint eine Mehrheit der Bevölkerung gleichfalls dagegen zu sein. Die Vorgänge im Konzentrationslager Osthofen wurden unmittelbar in einem schönen und scheinbar so friedhaften Rheinhessen situiert. Den Flüchtlingen hilft man weiter, wagt auch ein bißchen, doch nicht allzu viel. Die Macht ist zu gegenwärtig und zu stark.
Soweit ich sehe, hat zuerst Siegfried Lenz in einem Theaterstück, das nicht einmal literarisch zu seinen besten Arbeiten gehört, eine Frage gestellt, die bei ihm auch den Titel abgibt. „Die Schuld der Schuldlosen". Wobei offenbleiben muß, ob es sich, dem Bewußtsein nach, um angeblich oder wirklich Schuldlose handeln mochte. Ohne sie jedoch wäre nichts möglich gewesen in Deutschland, und damit in der Welt, und damit für uns alle, denn nach wie vor laborieren wir an jenen Phänomenen. Sonst hätte die Bücherverbrennung dramaturgisch nicht so einandfrei funktionieren können, auch nicht die Finanzierung, die Technologie, die Logistik von Auschwitz.
Seitdem hat sich viel verändert in Deutschland, übrigens nicht bloß in der Bundesrepublik, sondern auch, wie man erfährt, in der Deutschen Demokratischen Republik. Hinter den Auseinandersetzungen in deutschen Familien, zwischen der jungen und der älteren Generation, steht die Frage nach einer solchen Schuld der Schuldlosen. Wir konntet Ihr damals . . .? Dieser Einwand kehrt immer wieder, fast wie ein Wagnerisches Leitmotiv. Weil es auf eine solche Befragung keine schlüssige Antwort geben kann, außer vielleicht im einzelnen Fall, erweist sich die Bemühung, in diesem Jahr 1983 immer wieder zurückdenken zu müssen an die Ereignisse vor einem halben Jahrhundert, als ebenso verstörend wie unzulänglich. Was wäre in der Tat zu erwidern auf die neue Evokation der Fackelzüge vom 30. Januar 1933; auf den Reichstagsbrand und das Verhalten der politischen Parteien vor dem neuen Führer und Reichskanzler; auf das Glockenspiel von Potsdam nach der Melodie „Üb' immer Treu und Redlichkeit . . ."; auf den Judenpogrom vom 1. April, die Auflösung der Gewerkschaften, das Spektakel einer zackig dahinmarschierenden Klassengemeinschaft aus Wirtschaftsführern und Gefolgsleuten am 1. Mai jenes Jahres?
Fortsetzung gleich darauf bei der Bücherverbrennung. Hier wurde vor allem, wie man heute beim Rückblick erkennen darf, das fragwürdige Verhältnis, eher: *das deutsche Unverhält-*

nis zur Literatur von neuem evident. Es scheint mir wichtig, gerade hierüber, und aus dem gegebenen Anlaß, in der Stadt des weiland Stadtschreibers Gottfried Keller sprechen zu dürfen. Jene bedrückende Antinomie von „Geist und Macht“, wie Heinrich Mann das immer wieder benannt hat, findet sich, soweit ich sehe, in solcher Schärfe nirgendwo unter den europäischen Nationen und Zivilisationen. Wann hätte ein Intellektueller, gar ein Literat, wie man bei uns zu Lande abschätzig zu sagen pflegt, teilhaben dürfen, auch wenn er dazu in jeder Weise befähigt war, an der Entscheidung über die öffentlichen Dinge? Als man zu Beginn der Dreißiger Jahre offenbar nur die Wahl hatte, sich zwischen den Kandidaturen des sehr betagten Generalfeldmarschalls und bisherigen Reichspräsidenten von Hindenburg und dem Mann aus Braunau am Inn zu entscheiden, kam von irgendeiner Seite der Vorschlag: man solle die Kandidatur eines so bedeutenden Schriftstellers und politischen Denkers wie Heinrich Mann erwägen. Allgemeines Hohngelächter in der Öffentlichkeit. Wiedergewählt wurde dann der Marschall, der nicht ohne Stolz öffentlich bekannt hatte, er habe seit seiner Kadettenzeit außer dem Gesangbuch nur Bücher der Militärwissenschaft gelesen.

Natürlich hat sich nach einem Zweiten Weltkrieg und einer beispiellosen deutschen Katastrophe manches geändert. Die Bedeutung der Literatur, und damit auch der Schriftsteller, ist größer geworden im öffentlichen Leben, wenn man die Bundesrepublik Deutschland mit der Weimarer Republik vergleicht. Trotzdem werden die Büchermacher, falls sie Unliebsames aufschreiben und verkünden, in merkwürdiger Insistenz bald als Pinscher, bald als Ratten und Schmeißfliegen bezeichnet von den jeweiligen Inhabern einer durch Wahl delegierten Macht.

Als der Schriftsteller Jean-Paul Sartre wieder einmal als politischer Essayist in Widerspruch geriet zur Staatsdoktrin, und dabei auch die Rechtswidrigkeit seines Verhaltens in Kauf nahm, wollten Bürokraten seine Verhaftung erwirken. Der Präsident und General Charles de Gaulle antwortete mit einem berühmt gewordenen Satz: „On n'arrête pas Voltaire!“ So kann man nur sprechen im Bewußtsein einer großen literarisch-politischen Tradition. Die hat es in Deutschland nicht gegeben; aus Gründen einer geschichtlichen Entwicklung, wie man weiß. Ein solcher Ausspruch wäre auch heute nicht möglich: in keinem der beiden deutschen Staaten. Irgendeine Form der Bücherverbrennung bleibt daher nach wie vor möglich. Allein es gibt heute auch die Gegenwelt und Gegenwehr. So ohne weiteres läßt sich das Spektakel vom 10. Mai 1933 nicht wiederholen.

* * *

Damit führt unsere Rückschau und Betrachtung zu der gleichfalls viel gestellten und kaum beantworteten *Frage, nach der gesellschaftlichen Wirksamkeit von Literatur.* Mußten sie wirklich die Bücher und Bücherleser fürchten: der Wilde Caliban, Sohn des Setebus und der Hexe Sycorax, und der promovierte Germanist Dr. phil. Joseph Goebbels?

Natürlich haben Bücher die Welt verändert und mitgeholfen, unser Gegenwärtiges zu prägen: im guten wie im unguten. Es hat wenig Sinn, mit Beispielen zu prunken. Die Bibel Alten und Neuen Testaments, die Reden des Buddha und der Koran, die Schriften der großen Naturwissenschaftler von Galilei und Newton und Einstein bis zu den schrecklichen Magiern von heute; Darwin und Marx und Freud. Es wäre trivial, dies alles wieder einmal zu erinnern.

Am 10. Mai 1933 hingegen verbrannte man in Deutschland die Werke der Schriftsteller, nicht der Religionsstifter und der Astronomen, der Soziologen oder Psychologen. Man warf die Werke einer sogenannten Belletristik ins Feuer. Einer Schönen Literatur, wie man früher zu sagen und schreiben pflegte: nach der ein bißchen einfältigen Formel, denn „schön" pflegte es bei den großen Autoren der Weltliteratur niemals zuzugehen. Trotzdem schrieb Friedrich Schiller eine Abhandlung mit dem Titel „Über den Grund des Vergnügens an tragischen Gegenständen".

Nun denn, war jene damals verbrannte Belletristik in der Tat furchterweckend? Dr. Goebbels wollte die Republik von Weimar zerstört wissen von Grund auf. Die von ihm für das Autodafé ausgesuchten Bücher repräsentierten in seinen Augen den Geist jener ersten deutschen Republik, der sogenannten Systemzeit, wie der nazistische Sprachgebrauch zu lauten pflegte.

In der heutigen Bundesrepublik Deutschland aber taucht, mit merkwürdiger Insistenz, eine Argumentationsweise von neuem auf, die im Grunde, freilich vom Standpunkt ausgerechnet einer Verteidigung der Weimarer Republik, viel Ähnlichkeit hat mit den Argumenten der Büchertöter. Immer wieder behaupten namhafte Zeithistoriker und Publizisten mit guter demokratischer Gesinnung: die Weimarer Republik sei unter anderem zugrundegegangen an der Negativität und kritischen Destruktionsarbeit der damaligen Schriftsteller. Also der Tucholsky und Brecht, Walter Mehring und Erich Kästner, der Leute von der „Weltbühne" und vom „Tagebuch", der Heinrich Mann und Lion Feuchtwanger. Goebbels sprach damals von den „Juden und Judengenossen". Die Argumentationsweise ist nicht neu, nur allzu wohlbekannt. *Immer wieder die Verwechslung der Krankheit mit der Diagnose.* Wahrhaftige Literatur war niemals angepaßt und „ausgewogen", wie man heute in Deutschland so gern zu sagen pflegt. Die „Iphigenie auf Tauris" ist nicht langweilig-erhaben, sondern fast unzumutbar hart in ihrem Wahrheitsgebot. Der „Wilhelm Tell" handelt vom terroristischen Selbsthelfertum und seinen Grenzen, von der Niederreißung der Burg Zwing-Uri, die alle Zeitgenossen des Dramatikers erinnern sollte an den 14. Juli 1789: den Sturm auf die Bastille. Gottfried Kellers Gedicht über die „öffentlichen Verleumder" haben wir Emigranten uns damals immer wieder vorgesagt: voller Haß und Hoffnung.

Große Literatur, mit Friedrich Nietzsche zu reden, ist undenkbar ohne die „intellektuelle Redlichkeit". Sie bedeutet mithin den unbedingten Gegensatz zum Opportunismus und erst recht zur Propaganda: nicht allein zu jener des Dr. Goebbels. Deshalb sei es erlaubt, am Schluß dieser Rede über den Scheiterhaufen an das *Gegenbild* einer Literatur der intellektuellen Redlichkeit, und an einen redlichen Umgang mit dieser Literatur aus eigener Erfahrung zu erinnern.

Es ist für mich ein großer und bewegender Augenblick, an dieser Stelle zu Ihnen sprechen zu dürfen. So viel Geisterhaftes wird plötzlich spürbar. So viele Erinnerungen, auch viel Anlaß zur Dankbarkeit. Wie wäre es mir möglich, hier zu sprechen, ohne an *Kurt Hirschfeld* zu erinnern, der in diesem Hause gezeigt hat, als Dramaturg und literarischer Berater, was die wahrhaftige Literatur auszurichten vermag. Für mich war er ein erster Mentor und Förderer. Der erste Lektor meines Buches über „Georg Büchner und seine Zeit". Im Programmheft des Schauspielhauses Zürich erschien ein erster Textabdruck meines Buches aus Anlaß einer Neuinszenierung von „Dantons Tod". Emil Oprecht und Teo Otto, Ernst Ginsberg und Therese Giehse, Wolfgang Langhoff und Kurt Horwitz und Heinrich Gretler, dessen Darstellung des Wilhelm Tell ein politisches und patriotisches Ereignis gewesen ist in diesem Lande. Lassen Sie mich ein Wort zitieren, das ich damals auf Einladung von Kurt Hirschfeld für eine Werbeschrift des Schauspielhauses zur Saison 1945/46 geschrieben habe. Da hieß es im Rückblick: „Kein Thesendrama ‚Nie wieder Krieg' hätte leisten können, was die Gesamtheit dieses planenden und planvollen Kriegstheaters bieten konnte ... Es war bürgerliches Theater, das war nicht zu bezweifeln ... Der Stabilität der sozialen Verhältnisse und der politischen Demokratie in der Schweiz entsprach nur ein Theater, in dem sich die konkreten Menschen wieder zu erkennen vermögen – und das mußte ein bürgerliches Theater in dem Sinn sein, daß es Diskussionsfreiheit bot."

Indem jedoch solche Sätze aus dem Jahre 1945 heute wiederholt werden, ist gleichzeitig auch das Spannungsverhältnis deutlich geworden, ausgedrückt in drei Jahreszahlen 1933 – 1945 – 1983. So viele Hoffnungen damals nach dem Ende jenes Zweiten Weltkrieges, so viele Entwürfe, so viele verlorene Illusionen.

Der hier zu Ihnen spricht, ist ein Überlebender von damals. Er hat zwei Weltkriege mit ansehen müssen, besitzt Erinnerungen des Grauens, der Angst, der Dankbarkeit und auch des Vertrauens in Menschen. Zwei Künstlern, denen er begegnen durfte, und die einander nicht sonderlich liebten, hat er Vieles im eigenen Denken und Arbeiten zu verdanken: Thomas Mann und Bertolt Brecht.

Nie werde ich den Augenblick vergessen, da in diesem Hause, mitten im Krieg, die Streitgespräche aus dem „Leben des Galilei" von Brecht auf der Bühne vorgeführt wurden. Der kleine Mönch fragt den großen Physiker, ob es nicht möglich sei, daß sich die Wahrheit durchsetze, auch ohne uns. Galilei antwortet heftig: „Nein, nein, nein. Es setzt sich nur so viel Wahrheit durch als wir durchsetzen; der Sieg der Vernunft kann nur der Sieg der Vernünftigen sein." Und schließlich der Abschied Galileis von seinem Schüler Andrea, der die Geheimschrift der „Discorsi" hinausschmuggeln wird. Leonard Steckel und Wolfgang Langhoff. Wir verstanden den Satz des Galilei: „Gib acht auf dich, wenn du durch Deutschland kommst, die Wahrheit unter dem Rock."

Allein die deutsche Wahrheit hatte sich damals nicht aus eigener Kraft durchsetzen können. Wenn wir eines in jenen Jahren für unser Leben gelernt haben, so dies: Es gibt nichts, was selbstverständlich wäre. Alles ist möglich. Im guten wie im unguten. Beides ist stets gleichzeitig vorhanden. Es gibt die Nachfolger der Bücherverbrennung von damals, und es gibt nach wie vor die Wahrheit der großen Literatur und derer, die für sie eintreten.

Als Thomas Mann im August des Jahres 1949 zum erstenmal aus dem Exil nach Deutschland zurückkehrte, hatte er eine „Ansprache im Goethejahr 1949" vorbereitet. Er hielt sie im gleichen Wortlaut in der Paulskirche in Frankfurt und im Weimarer Nationaltheater. Die Schlußsätze meinten Goethe, und damit eine Welt, die auch Gegenwelt sein mußte und muß. Auch heute und für uns. Thomas Mann schloß mit den Worten: „Das ‚gute Deutschland', das ist die Kraft, gesegnet durchs Musische, gesittete Größe. So konnte ein Deutscher musterhaft werden, Vorbild und Vollender seines Volkes nicht nur, sondern der Menschheit, zu deren Selbst er sein Selbst erweiterte."

Vorschau

Der Deutschunterricht erscheint in den Monaten Februar, April, Juni, August, Oktober und Dezember. Themen (und Herausgeber) der nächsten Hefte:

2/84 Lesen oder Interpretieren (H. D. Weber)
3/84 Drama der Gegenwart (Buddecke/Fahrmann)
4/84 Juden in der deutschen Literatur (H. D. Weber)
5/84 Analphabetismus und Literarität (W. Dehn)
6/84 Sprachkultur (G. Augst)

Impressum

Der Deutschunterricht wird herausgegeben vom Friedrich Verlag in Velber in Zusammenarbeit mit Klett und in Verbindung mit Gerhard Augst, Wilhelm Dehn, Franz Hebel und Heinz-Dieter Weber.
Auch unverlangt eingesandte Manuskripte werden sorgfältig geprüft. Unverlangt eingesandte Bücher werden nicht zurückgeschickt.
Verkaufs- und Anzeigenleitung: Wilfried Seibel, Anzeigenabwicklung: Martina Peter, Ewald Lonnemann. Zur Zeit gilt die Anzeigenpreisliste Nr. 9 vom 1. 1. 1983
Anschrift für Verlag und Redaktion: Erhard Friedrich Verlag GmbH & Co. KG, Postfach 10 01 50, Im Brande 15, 3016 Seelze, Telefon (05 11) 48 30 51, Telex 09-22 923
Vertrieb: vgv Vertriebsgesellschaft für Verlage mbH, Im Brande 15, 3016 Seelze, Telefon (05 11) 40 02-1 32
Der Deutschunterricht erscheint alle 2 Monate. Das Jahresabonnement besteht aus 6 Heften. Der Jahresbezugspreis beträgt DM 45,–, ÖS 391,–, für in Ausbildung stehende Lehrkräfte und Studierende DM 33,–, ÖS 278,–. Erschienene Hefte können zum Einzelpreis nachbezogen werden. Abonnenten erhalten bei Bestellung von mindestens 5 verschiedenen Heften 25 % (Abonnenten mit Vorzugspreis 45 %) Nachlaß auf den Einzelbezugspreis. Wahlweise kann das Abonnement mit einem Jahresheft 1984 bezogen werden. Die Bezugspreise erhöhen sich dadurch auf DM 62,–, ÖS 539,– bzw. DM 46,40, ÖS 403,–. Alle Preise verstehen sich zzgl. Versandkosten. Der Deutschunterricht ist zu beziehen durch alle Buchhandlungen und Postämter oder direkt vom Verlag. Auslieferung in Österreich durch ÖBV Klett Cotta, Hegelgasse 21/II. A-1010 Wien 1. Auslieferung in der Schweiz durch Bücher Balmer, Neugasse 12, CH-6301 Zug. Weiteres Ausland auf Anfrage. Abbestellungen spätestens 6 Wochen vor Jahresende. Erfolgt keine Abbestellung, verlängert sich das Abonnement um ein weiteres Jahr. Bei Umzug bitte Nachricht an den Verlag mit alter und neuer Anschrift sowie der Abo-Nummer (steht auf der Rechnung).

Mitglied der Fachgruppe Fachzeitschriften im VDZ und im DLV ISSN 0340-2258
Satz und Druck: Druckerei Wilh. Schröer & Co., 3016 Seelze